Paul Barié

Die »mores maiorum« in einer vaterlosen Gesellschaft

Ideologiekritische Aspekte literarischer Texte,
aufgezeigt am Beispiel
des altsprachlichen Unterrichts

Verlag Moritz Diesterweg
Frankfurt am Main · Berlin · München

Für Inge, τῇ συμφιλολογούσῃ

ISBN 3-425-04383-8
1. Auflage 1973
© 1973 Verlag Moritz Diesterweg, Frankfurt am Main.
Alle Rechte vorbehalten. Die Vervielfältigung auch einzelner Teile, Texte oder Bilder – mit Ausnahme der in §§ 53, 54 UrhG ausdrücklich genannten Sonderfälle – gestattet das Urheberrecht nur, wenn sie mit dem Verlag vorher vereinbart wurde.
Druck: Brügel & Sohn, Ansbach · Binden: Gebhardt, Ansbach

Inhaltsübersicht

A. Theoretischer Teil

I. Vorwort 7
II. Thesen zum altsprachlichen Unterricht 8
III. Methodische und curriculare Vorüberlegungen 16
IV. Historia – magistra vitae? 24

B. Praktischer Teil

Vorüberlegungen: Die Frage nach Struktur und Funktion als Grundlage sprachkritischer Textanalysen 27
I. Beobachtungen zum Verhältnis pater-patria 35
II. Untersuchung der stoischen These, daß die Welt um des Menschen willen existiere 46
III. Gottes- und Vorsehungsbegriff der Stoa im Vergleich zur epikureischen Theologie 54
IV. Sphärenharmonie und siebensaitige Lyra 64
V. Der autokinetische Seelenbeweis; seine Herkunft und Leistung; kritische Beurteilung 69
VI. Die Sonne und die Idee des Guten 79
Schlußüberlegungen: Entwicklung kritischer Rationalität im Umgang mit bedeutsamen Texten unserer geistigen Tradition als die Chance eines (alt)sprachlich orientierten Gymnasiums 87

C. Anhang

I. Menenius Agrippa erzählt eine politische Fabel. Beobachtungen zur Struktur und Funktion einer primitiven Herrschaftsideologie 101
II. Anmerkungen zur ideologischen Verwendung einer „platonischen" Denkstruktur in der Bhagavadgītā 126

A
THEORETISCHER TEIL

Die alten Sprachen in einer neuen Schule?
Konzepte und Prognosen

I.
Vorwort

Die traditionelle Art, an den höheren Schulen die alten Sprachen zu lehren, hat in den letzten Jahren aus zwei Gründen an Selbstverständlichkeit verloren. Manche wollen diese Beschäftigung abschaffen oder zumindest stark reduzieren, da sie im technologischen Zeitalter ein Ballast sei, der unnötige Anstrengungen zumute und nützlicheren Fächern im Wege sei. Andere sind mit der augenblicklichen Form dieses Unterrichts kaum weniger unzufrieden, lasten die Aporien aber nicht dem Gegenstand, sondern seiner Behandlungsweise an. Letzteren rechnet sich der Autor zu. Seine Distanz von der Tradition nimmt ihm die Möglichkeit, sein Interesse auf herkömmliche Weise – etwa mit der Vorbildlichkeit des Klassischen – zu begründen[1]. Seine Weigerung, die Antike dem Vergessen zu überantworten, soll nicht bedeuten, daß hier wieder einmal aufgefordert wird, vor der ungeliebten Gegenwart in angeblich sinnerfüllte Zeiten zu flüchten. In diesen Untersuchungen sollen nicht Bildungsgüter gerettet und vor dem Realitätskontakt bewahrt, sondern Denkmuster erprobt werden, über deren Gültigkeit nichts als vorab ausgemacht gilt. Dieses Interesse nun abstrakt zu formulieren, der einfühlenden eine kritische Methode programmatisch entgegenzustellen, hat wenig Sinn. Denn wenn die folgenden Analysen einen kritischen Gehalt haben, weisen sie ihn selbst aus und machen den Appell überflüssig; und wenn sie ihn nicht haben, dann ist dieser Appell unberechtigt. Um aber den ideologiekritischen Aspekt in die gegenwärtige Problemsituation des altsprachlichen Unterrichts einzuordnen, sollen trotz dieser Bedenken einige Thesen vorgestellt werden. Versucht man die Isolation des altsprachlichen Unterrichts zu begreifen und seiner Insuffizienz wirksam zu begegnen, dann muß man zunächst fachintern die Kritik verschärfen, das dumpfe Unbehagen auf den Begriff bringen und die konventionellen Vorwürfe unkonventionell »intra muros« präzisieren. Erst dann wird man die »Chancen des Unbehagens« wahrnehmen und den Stellenwert erkennen, den die Vermittlung der Antike in der Schule der Zukunft beanspruchen darf.

---

[1] Zur Tradition eines fragwürdigen Begriffs vgl. Egidius Schmalzriedt, Inhumane Klassik, Vorlesung wider ein Bildungsklischee, Kindler Paperback, München 1971. »Als ideologisches Klischee der Bildung, das bar jeder historischen Transparenz ist, erzieht er (scl. der Klassikbegriff) primär nicht zum Verständnis der vielfältigen kausalen Konstituentien der Werke, erzieht er nicht zu kritischer Einsicht und Reflexion über die Bedingungen und Absichten ihrer Entstehung und ihrer Wirkung, also auch nicht zur konstruktiven Adaption des Vergangenen auf die eigene Situation, sondern er erzieht zur unkritischen Bewunderung, zur unreflektierten Akkomodation und schließlich zur gehorsamen Subordination unter angeblich absolut gültige Normen.« (S. 28/29)

II.
Thesen zum altsprachlichen Unterricht

1. *Kritische Thesen:* Der altsprachliche Unterricht als Modellfall autoritärer und retrospektiver Pädagogik.

1.1. Der Satz – eine verfügbare Aussage im Dienste der lateinischen Grammatik[2].

1.1.1. Erläuterung der These. Beispiel: »Pauperes adiuvandi sunt«. Innerhalb eines primären semiologischen Systems (– Referenzobjekt: die konkrete Sozialwelt –) hat diese Aussage appellative und moralische Funktion, nämlich all denen grundsätzlich und ausnahmslos zu helfen, die in wirtschaftlicher Not sind. Im Grammatikunterricht wird aber der primäre Sinn des Satzes zurückgestellt, der Inhalt der Aussage wird zu einer Hohlform, das Signifikat erneut zum Signifikanten, zum Träger einer sekundären, metasprachlichen Aussage. Der Satz bedeutet jetzt – im normativen Kontext des lateinischen Übungsbuches – folgendes: »Ich bin ein grammatisches Beispiel für die Gerundivkonstruktion«. Der primäre Sinn der Aussage wird somit irrelevant und kontingent. Das Beispiel wäre durch einen beliebigen anderen Satz zu ersetzen, etwa durch »duci parendum est« oder: »exterae nationes subigendae sunt«, wenn die metasprachliche Bedingung seiner Existenz (– Illustration der lateinischen Gerundivkonstruktion –) erfüllt ist. Solange lateinische Sätze verfügbare Aussagen im Dienste einer normativen Grammatik darstellen, sind nicht nur die Inhalte ohne Objektbezug zu einer primären Realität und somit auswechselbar und manipulierbar; sie können auch in beliebiger Reihenfolge – als Einzelsätze ohne Kontextbezug – dargeboten werden[3].

1.1.2. Postulat: Reflexion des metasprachlichen Status von Übungsbuchsätzen; pragmalinguistische Überlegungen sind anzustellen: Als (potentielle) Referenzmittel sind lateinische Sätze metasprachlich analysierbar; als Referenzträger sind sie jedoch jeweils bezogen auf Objekte in einer (realen/möglichen/vorgestellten) Welt. Jede sprachliche Äußerung, auch der einfachste lateinische Übungssatz, steht in einem Situationszusammenhang, der explizierbar ist oder rekonstruiert werden muß. Dieser situative Kontext – er kann defizient sein wie z. B. bei Einzelsätzen oder bei Sentenzen – leistet folgendes:
– er steuert das aktuelle Verstehen

---

[2] Vgl. Roland Barthes, Mythen des Alltags, edition suhrkamp 92, 1964, bes. S. 88ff., Der Mythos als semiologisches System.
[3] Groteskes Beispiel aus einem Übungsbuch: Satz 3: »ergo bibamus!« Satz 5: »qui bibit sanguinem meum, habet vitam aeternam.« Beide Sätze sind nicht in blasphemischer Absicht in einem Pseudokontext zusammengestellt, sondern metasprachlich zu lesen: »Wir sind Beispielsätze zur Einübung der Formen des Verbums bibere.«

- er bestimmt den Stellenwert einer Aussage innerhalb eines sprachlichen oder außersprachlichen Zusammenhanges, in den diese Aussage eingebettet ist
- er ermöglicht Verständigung, also Kommunikation über den Inhalt
- er provoziert Stellungnahmen im Interaktionsfeld der Klasse.

1.2. Ideologie unserer konventionellen Lateinbücher – das wertmonistische Syndrom: Gott – Vaterland – Bauern – Sklaven – Gehorsam – pietas – Ehre – Bescheidenheit – Zucht.

1.2.1. Postulat: Eine Sisyphusarbeit steht uns bevor, die nur von einem Team bewältigt werden kann: eine Analyse dieses Syndroms im Hinblick auf seine Struktur, Funktion, seine sozialpsychologischen und politischen Implikationen.

1.3. Kanonisierte Lektüre – ein pseudotheologisches Relikt.

1.3.1. Postulat: Soziologische Analyse der altsprachlichen Lehrpläne; Hinterfragen konventioneller Auswahlkriterien; Relevanz konventioneller Leerstellen im Lektürekanon (Epikur – erotische Epigrammatik – Lukrez – antike Komödie); Wiederentdeckung verschütteter oder verdrängter Traditionen (Beispiele: antiker Skeptizismus; antike Daseinsbejahung; der dionysische Aspekt der antiken Kultur[4]; Ovid als erotischer Dichter und als Opfer totalitärer Tendenzen des augusteischen Puritanismus).

1.4. Verklärung durch Hermeneutik; Verstehen als Ganzhingabe (»te totum applica ad textum«!); Verwechslung von Erklärung und Rechtfertigung, von Genese und Geltung; Mangel an kritisch-rationaler Distanz zu den Inhalten.

1.4.1. Postulat: Es gilt nicht, die Texte zu retten, sondern die Fragestellungen, die sie implizieren. Wir hinterfragen die antiken Problemlösungen, indem wir den jeweiligen Problemhorizont konstituieren. Erster Schritt: Aufdecken der impliziten Vorentscheidungen und Präsuppositionen (Satzvoraussetzungen) eines Aussagezusammenhanges.

1.5. Problem der Tabuierung der Inhalte durch das antike Sprachgewand.

1.5.1. Die Inhalte sind für den Schüler verschlüsselt in einer schwierigen Sprache und einer ungewohnten Argumentationsform (z. B. ciceronische Perioden, die taciteische Diktion; die komplizierte Argumentationsstruktur platonischer Dialoge). Bei dem Bemühen, den antiken Text in die Muttersprache umzuformen, verbraucht der Schüler den größten Teil seiner Energie; oft ist er weder konditioniert noch motiviert, sich mit dem Inhalt einer Aussage auch noch kritisch auseinanderzusetzen (– Immunisierungseffekt antiker Texte –).

---

4 Vgl. das Buch von E. R. Dodds, Die Griechen und das Irrationale, Wissenschaftliche Buchgesellschaft Darmstadt 1970

1.5.2. Postulat: Übersetzungsaufwand und Erkenntnisgewinn müssen in einer Relation stehen, die lernpsychologisch und arbeitsökonomisch zu vertreten ist. Beispiel: Wer vierzehn Tage hindurch mit einer Klasse eine Horazsatire traktiert, wird es in Kauf nehmen müssen, daß nicht nur die Charis des Gedichtes, sondern auch die kommunikative Intention des Dichters (– ridendo dicere verum –) verloren geht. Methodische Flexibilität wird die »Zeitlupenbehandlung« eines Textes sparsam und überlegt einsetzen, also aus der Not der »Zerdehnung« die Tugend der minutiösen Analyse von Kernstellen machen. Im übrigen stehen vielfältige unterrichtliche Strategien zur Verfügung, um die Phase lustlosen Reproduzierens aus dem altsprachlichen Unterricht zu verbannen (z. B.: kursorische Lektüre unter starker Führung des Lehrers, Übersetzung des Lehrers, Gruppenunterricht, Benutzung bilinguer Ausgaben, Arbeit mit Sekundärliteratur, Entlastung des Unterrichts durch ausführliche Sprach- und Sachkommentare; Dokumentationen, die den aktuellen Forschungsstand und den Aspektreichtum von Autoren bzw. Themen vorführen, sind ein dringendes Desiderat).

2. *Konstruktive Thesen*
2.1. Revision des Modellbegriffes.
2.1.1. Antike Aussagen, Hypothesen und Theorien sind weder unbezweifelbare Wahrheiten, an denen wir unsere eigenen Bemühungen zu bemessen hätten, noch unverbindliche Produkte eines überholten Standes der Erkenntnis.

Beispiel: Man kann diese These am Theorie-Praxis-Problem illustrieren. Theoria bedeutete als »Bedürfnis der Bedürfnislosigkeit« bei den Griechen nicht den Erwerb technisch verwertbaren Wissens, sondern das Streben nach Selbsterkenntnis, sittlicher und religiöser Einsicht. Seit etwa dem 17. Jahrhundert gibt es eine starke Tradition, die unter der Parole »Wissen ist Macht« dieser aufklärerischen Intention abschwört und Erkenntnis auf Beherrschung der Realität verkürzt.

Wir können nun die antiken Problemlösungsversuche hinterfragen und zu zeigen versuchen, daß etwa das Naturrecht, das vielen hier relevanten Theoremen zugrunde liegt, der Kritik nicht standhält. Das macht aber die Absicht der Erkenntnis, die jenes Programm konstituierte, nicht obsolet. Wir können modernes und antikes Verständnis nur sinnvoll konfrontieren, wenn keines von beiden zum absoluten Maßstab gemacht wird. Eine zum fixen Standpunkt geronnene »wissenschaftliche Weltanschauung«, die alles, was ihr nicht gleicht, nur mit Kategorien kognitiver Illegitimität zu analysieren vermag, ist genauso unkritisch und ideologieverdächtig wie ein dogmatischer Traditionalismus.

2.1.2. Modell und Realität. – Der »modus procedendi« bei der Analyse antiker Aussagenzusammenhänge kann folgendermaßen abstrakt beschrieben werden:
a) Wir entnehmen einem antiken Denkmodell Informationen.
b) Wir setzen es in Beziehung zu dem Modelloriginal, also dem entsprechenden Realitätsbefund, und dem aktuellen Problemhorizont.
c) Durch Konfrontation dieser drei Problemebenen vermitteln wir dem Schüler ein spezifisches Problembewußtsein, eine Verhaltensdisposition diesem Problem gegenüber.
Relevanzkriterium ist dabei nicht die Wahrheit einer antiken Aussage, sondern ihre Fruchtbarkeit (– heuristischer Aspekt –), das latente Potential zur Aktivierung kritischer Intelligenz.

2.1.3. Beispiel:
a) Modelloriginal (= erlebte Realität): Divergenz zwischen Verfassungsinterpretation und politischer Wirklichkeit.
b) Historisches Modell: Kreislauftheorie in Ciceros Schrift »De re publica«
c) Modellbenutzer: Schüler und Lehrer einer gymnasialen Prima.
d) Historischer Problemhorizont: Kreislauftheorie der Verfassungsformen als Rechtfertigung einer politischen Ideologie.
e) Problematisierung: Fragwürdigkeit dieser Verfassungsinterpretation, wenn man sie an der römischen Verfassungswirklichkeit mißt. Wir konfrontieren daher die Theorie mit der außen- und innenpolitischen Praxis der römischen Politik.
f) Konstituierung eines aktuellen Problemhorizontes durch Hinweis auf zeitgenössische politische Texte, z. B.: Karl Jaspers, Wohin treibt die Bundesrepublik? oder: Schäfer/Nedelmann (Herausgeber), Analysen zur Verfassungswirklichkeit der Bundesrepublik, edition suhrkamp, Frankfurt/M. 1969[5].
g) Generalisierung der Problematik der aufgezeigten Divergenz: Verfassungsinterpretation (und Applikation) als Derivat der jeweiligen politischen Interessen; Funktionszusammenhänge zwischen ideologischer Deutung und Realitätsveränderung[6].

2.2. Basisfunktion des altsprachlichen Unterrichts.
These: Der altsprachliche Unterricht kann die Funktion einer propädeutischen Grundlagenwissenschaft übernehmen.

2.2.1. Linguistische Basisfunktion.
Die lateinische Sprache ist als ein Corpus (– eine endliche, im wesentlichen abgeschlossene Menge –) von Texten vorgegeben. Da sie keine verifizier-

---

[5] Kooperation und Koordination mit dem politischen Unterricht – also gelenkter Außentransfer – ist für einen problemorientierten Unterricht in den alten Sprachen unerläßlich.
[6] Heuristischen Wert besitzt in diesem Problemzusammenhang die Derivationenlehre Paretos.

bare phonologische Basis besitzt, können lateinische Äußerungen nicht eindeutig phonetisch realisiert werden[7].

Während die Didaktik des neusprachlichen Unterrichts ihren Schwerpunkt auf die Performanz, die Sprachverwendung in aktueller Redesituation, verlagert, kann und muß der altsprachliche Unterricht komplementäre Aufgaben wahrnehmen: die systematisch betriebene Analyse schriftlicher Äußerungen unterschiedlicher Komplexitätsgrade. Sprachreflexion – und metasprachliche Reflexion *über* Sprache – sind daher für den altsprachlichen Unterricht konstitutiv. Insbesondere verdienen folgende Gesichtspunkte Beachtung:
- Der altsprachliche Unterricht ist vorzüglich geeignet, das Instrumentarium einer differenzierten linguistischen Metasprache zu entwickeln. Der Besitz metasprachlicher Kompetenz ist Voraussetzung kritischer Informationswertung und -verwertung
- Die morpho-syntaktischen Strukturunterschiede zwischen der lateinischen und der deutschen Sprache erfordern ein ständiges Umstrukturieren und Umdenken. Durch Aktivierung und Differenzierung der muttersprachlichen Kompetenz am Kontrastmodell ›Latein‹ erzielt dieser Unterricht eine hohe Transferleistung.
- Die sprachkompensatorische Funktion des lateinischen Anfangsunterrichts (– Abbau schichtenspezifischer und milieubedingter Sprachbarrieren –) verdient eine eigene Untersuchung und bedarf dringend der Validierung durch geeignete Tests im Rahmen der Orientierungsstufe.

2.2.2. Kulturanthropologische Basisfunktion.

Die zeitliche Distanz und die Fremdheit der Inhalte, Denkstile und Argumentationsstrukturen erschweren zunächst ein spontanes, unreflektiertes Verstehen antiker Äußerungen und Denkmodelle. Von daher ist der altsprachliche Unterricht unattraktiv; ein unmittelbarer Transfer der Inhalte – ein unbekümmertes »Tua-res-agitur-Erlebnis« – ist nicht möglich, und eine Konditionierung junger Menschen im Sinne einer behavioristischen Didaktik ist ausgeschlossen, da sie der internen Struktur und dem Selbstverständnis dieser Fächergruppe widerspricht: Ein gezielter Beitrag zur Produktionseffizienz der Industriegesellschaft ist mit dem altsprachlichen Unterricht sicher nicht zu erreichen. Definiert man aber »Bildung« nicht vordergründig im Sinne einer optimalen, systemimmanenten Funktionsfähigkeit, sondern als komplizierten, diallel verlaufenden Prozeß der Bewußtseinserweiterung, dann wird »Reflexion über fremde Horizonte« (Mühlmann[8]) zur Basis eines »planetarischen Humanismus«

---

[7] Diese Feststellung gilt nicht für das Griechische; Griechisch ist keine tote Sprache, denn es lebt – ohne daß sich seine morpho-syntaktische Struktur wesentlich geändert hätte – in der Form des Neugriechischen.
[8] Vgl. den Aufsatz von W. E. Mühlmann: Umrisse und Probleme einer Kulturanthropologie, in: Kulturanthropologie, herausgegeben von W. E. Mühlmann und E. W. Müller, Neue Wissenschaftliche Bibliothek, Soziologie, Köln, Berlin 1966.

(Grousset[9]). Verstehen von Fremdstrukturen ist nicht nur eine wichtige Vorbedingung bewußten Handelns, das sich an alternativen Denkmodellen und abweichenden Verhaltensmustern orientiert[10]; Toleranz, die humanistische Kardinaltugend, wird nur dort Wirklichkeit, wo das eigene Ego- und Ethnozentrum durch die Erfahrung fremder Horizonte relativiert wird.
Der anthropologische Aspekt des altsprachlichen Unterrichts – der Schüler gewissermaßen als Feldforscher in einem abgeschlossenen »semantischen Universum«, der europäischen Antike – bedarf einer eingehenden Untersuchung; er kann daher im Rahmen dieser Thesenfolge nur angedeutet werden.
2.2.3. Textpragmatik – eine vernachlässigte Dimension.
Durch Verlust des sozialen und situativen Kontextes – er ist immer nur hypothetisch, mit den Methoden des Historismus und der Literatursoziologie rekonstruierbar – ergibt sich der eigentümlich ambivalente Appellwert antiker Aussagen[11]. Sobald wir den Schüler »pragmatisch« definieren – als den uneigentlichen Benutzer literarischer Texte, die nicht für ihn geschrieben sind, – wird die Textpragmatik die pädagogisch relevante Textebene.
Postulat: Wir haben es im altsprachlichen Unterricht nicht primär mit historischen Analysen zu tun, wo Ereignisse und Personen im Vordergrund stehen, sondern mit strukturellen Analysen, wo Probleme im Mittelpunkt stehen. Der Transferwert dieses Unterrichts hängt wesentlich von texttranszendierenden Fragen ab (Struktur und Funktion, Implikationen und Konsequenzen antiker Aussagen). Das setzt freilich voraus, daß der »Vermittler der Antike« nach Auslegungen des antiken Substrates sucht, die diese Texte maximal interessant erscheinen lassen. (Die grundsätzliche Problematik dieser textpragmatischen Konzeption kann an dieser Stelle nicht ausdiskutiert werden).
2.2.4. Aspekt der Antikenrezeption.
Nicht nur das antike Substrat, auch die Transformationen dieses Substrates in der europäischen Literatur können exemplarisch in den Unterricht eingeblendet werden. Es ist u. a. zu zeigen, in welchem Umfang die Antike – als Kontrastmodell, als Stimulus, als Verfremdungseffekt – in der modernen Literatur gegenwärtig ist. In diesem Zusammenhang wäre viel negative Rezeptionsgeschichte bewußt zu machen[12].

9   R. Grousset, Orient und Okzident im geistigen Austausch, Stuttgart 1955.
10 »Entscheidung ist notwendige Betätigung einer Präferenz«: Mühlmann S. 40.
11 Vgl. Roland Barthes, Kritik und Wahrheit, edition suhrkamp Nr. 218, 1967, S. 72: »Dadurch, daß der Tod die Unterschrift des Schriftstellers auslöscht, begründet er die Wahrheit des Werkes, die in seinem Rätsel besteht.«
12 Instruktives Beispiel: Die Pisaner Gesänge Ezra Pounds. Vgl. die erschütternde Sequenz in Canto XX über das Los der Gefährten des Helden: . . . »Denen die im Meeressog starben / Nach manch vergeblicher Mühsal / Genährt von gestohlenem Fleisch, an Ruderbänke kekettet / Daß er einen großen Ruhm davon hat / Und nachts bei der Göttin liegt / Deren Namen nicht in Bronze geritzt sind / Deren Ruder nicht bei Elpenors Ruder stecken« usw.

2.2.5. Ein neuer Begriff der Tradition.
Verlust der Tradition führt zwangsläufig zum Verlust des Bewußtseins der Zusammenhänge. Sozialpsychologische Untersuchungen (Mitscherlich) weisen darauf hin, daß der Verlust des Gedächtnisses – auch des kollektiven Gedächtnisses, der Tradition (= memoria) – die »Ich-Stärkung« junger Menschen erschwert oder gar verhindert. Tradition ist nicht nur ein Hintergrund für die Selbstvergewisserung (– konventionelle Auffassung: Tradition als Orientierungshilfe und Handlungsanweisung –), sondern auch die Voraussetzung jeder kritischen Distanzierung und Verarbeitung unserer kollektiven Vergangenheit; emanzipatorische Erziehung reflektiert kritisch den Horizont traditioneller Vorentscheidungen.

2.2.6. »Disziplinierung durch die alten Sprachen« ist keine kleinbürgerliche oder eng moralische Kategorie (– kein »per aspera ad astra-Effekt« –). Es ist darauf zu verweisen, wieviel konstruktive Phantasie und intellektuelle Anstrengung erforderlich ist, um z. B. einen Abschnitt aus der platonischen Politeia zu verstehen und in die Muttersprache umzusetzen. Der altsprachliche Unterricht praktiziert beim Übersetzen fundamentale Wissenschaftstheorie (– Trial-error-Methode; approximativer Charakter jedes Übersetzungsversuchs: die Übersetzung als Arbeitshypothese, die grundsätzlich revidierbar ist –).
Weil der altsprachliche Unterricht zum langsamen und aufmerksamen Lesen erzieht, bildet er eine wirksame Gegenkraft gegen die Flüchtigkeit und Gedankenlosigkeit unserer täglichen Informationsverwertung.

2.2.7. Sensibilisierung durch Literatur?
Die antike Literatur zeichnet sich durch hohe formale Qualitäten aus. Ästhetizität und Poetizität antiker Texte bewußt zu machen ist Teilziel einer Erziehung zu ästhetischer Kommunikationsfähigkeit[13].
Im einzelnen ist auf folgende partielle Lernziele zu verweisen:
– Sensibilisierung des Geschmacks und des Urteils[14]
– Antikonsumhaltung gegenüber Texten
– Erziehung zum Genuß literarischer Werke[15]
– Problemsensibilisierung durch Literatur, insofern sie intentionale Steigerungsmodelle produziert, in denen die primäre Realität des faktisch

---

13 Im Zusammenhang mit diesem Lernziel ist die antike Rhetorik neu zu rezipieren: Die rhetorische Theorie stellt den ersten Versuch dar, die Universalien der Rede zu kodifizieren und ein – metasprachliches – Instrumentarium zur formalen Analyse von Aussagen zu entwickeln. (Roland Barthes plant eine Arbeit, in der er die klassische Rhetorik in strukturalen Begriffen neu überdenkt; vgl. dazu seinen Aufsatz: Rhetorik des Bildes, abgedruckt in: Alternative, Zeitschrift für Literatur und Diskussion, Juni 1967, S. 107 ff.) Zur Praxis des Literaturunterrichts vgl. Norbert Zink, Orator Perfectus, Ciceroreden und die rhetorische Theorie, Der altsprachliche Unterricht XI, 4 S. 25 ff.; ferner: Quintilian, Institutio oratoria, bearb. von Norbert Zink, Klettbuch Nr. 6585, Klett Verlag Stuttgart.
14 Zur Bedeutung von »Urteilskraft« und »Geschmack« als humanistischen Leitbegriffen vgl. Hans Georg Gadamer, Wahrheit und Methode, Grundzüge einer philosophischen Hermeneutik, Tübingen 1960, S. 27 ff.
15 Man vgl. Nietzsches Urteil über Horaz im vorletzten Abschnitt der Götzendämmerung von 1888: Was ich den Alten verdanke.

Gegebenen transzendiert wird: Einübung in das »Möglichkeitsdenken«[16].
- Emanzipatorische Funktion der Literatur, insofern sie auf einen »utopischen« Freiheitsraum für Phantasie und Kreativität verweist.

2.2.8. Die antike Literatur tradiert die vorchristliche Komponente unseres Bewußtseins; ihre Bedeutung für eine im wesentlichen nachchristliche Ära – von Nietzsche bereits erkannt – ist neu zu überdenken.

2.2.9. Wiederentdeckung des Begriffs »otium«.
Die Spätphase der westeuropäischen Industriegesellschaft wird voraussichtlich »leisure-orientiert« sein. Eine Reform der Institution Schule wird daher den Komplex »Freizeit-Bildung« berücksichtigen müssen. Das kommt aber einer Wiederentdeckung des humanistischen Leitbegriffs »otium« gleich[17]. Von daher ist es eine vordringliche bildungspolitische Aufgabe, den Bereich »otium-σχολή« für den altsprachlichen Unterricht neu zu entdecken und z. B. das Fach Griechisch bewußt als »Fenster im Gefängnis der Leistungsschule« zu konzipieren und praktisch zu gestalten[18].

2.2.10. Das Prinzip des Pluralismus, theoretische Grundlage für die Konzeption einer »offenen Gesellschaft«, führt zu praktischen bildungspolitischen Konsequenzen, so zum Offenhalten von alternativen Bildungsangeboten (grundständiges Latein; Französisch und/oder Griechisch als zweite profilbildende Fremdsprache). Die Tendenz, den fremdsprachlichen Unterricht einseitig auf das Englische auszurichten oder gar zu reduzieren, ist in hohem Maße ideologieverdächtig; sie stützt sich auf die fragwürdige These von der Einheit der »westlichen Welt« und diskriminiert im Namen einer fortschrittlichen Pädagogik eine qualifizierte Minderheit von Bürgern unserer Gesellschaft; diese warnen davor, in einer Zeit, in der die Linguistik zur Grundlagendisziplin für die Sozialwissenschaften geworden ist, den Sprachunterricht auf den Raster des Englischen zu normieren und eine differenziertere Sprach- und Bewußtseinskultur preiszugeben.

16 Zu diesem Begriff vgl. die Ausführungen Robert Musils zum »Möglichkeitssinn« im 4. Kapitel seines Romans Der Mann ohne Eigenschaften.
17 In einer Zeit des Konsum- und Medienterrors, der Freizeitindustrie und der totalen Verplanung und Kommerzialisierung menschlicher Bedürfnisse, kann man wieder ohne überlegenes Lächeln die folgenden Sätze lesen: »Ein solch innerlich Reicher bedarf von außen nichts weiter als eines negativen Geschenks, nämlich freier Muße, um seine geistigen Fähigkeiten ausbilden und entwickeln und seines inneren Reichtums genießen zu können.... Demgemäß sehen wir die großen Geister aller Zeiten auf freie Muße den allergrößten Wert legen. Denn die freie Muße eines jeden ist so viel wert wie er selbst wert ist. Δοκεῖ δὲ ἡ εὐδαιμονία ἐν τῇ σχολῇ εἶναι (Videtur beatitudo in otio esse sita) sagt Aristoteles (Ethica ad Nicomachum 10, 7) und Diogenes Laertios 2, 5, 31 berichtet, daß Σωκράτης ἐπῄνει σχολὴν ὡς κάλλιστον κτημάτων (Socrates otium ut possessionum omnium pulcherrimam laudabat)«. (A. Schopenhauer, Aphorismen zur Lebensweisheit, Werke, herausg. von W. Frhr. von Löhneysen, Bd. 4 S. 407.
18 Wir müssen den elitären Otium-Begriff aus dem sozialen Kontext der antiken Gesellschaft herauslösen und als Voraussetzung der Selbstverwirklichung für die demokratische Gesellschaft neu interpretieren.
Zum Begriff der »leisure-orientierten Gesellschaft« vgl. den Aufsatz von Gerwin Schäfer, Die Angst wird abgeschafft, in: Herausforderungen an die Zukunft, Die kritische Generation vor der Jahrtausendwende, herausg. von Ulrich Greiwe, München 1970.

Große amerikanische Linguisten wie Sapir und Whorf haben schon vor Jahrzehnten eindringlich davor gewarnt, das der englischen Sprache implizite System von Vorentscheidungen und Werturteilen unreflektiert zu verallgemeinern. Nimmt der Vermittler der Antike diese Warnung ernst, dann wird er versuchen, den altsprachlichen Unterricht, der als ein erratischer Block und als Stein des Anstoßes der Eindimensionalität des Bildungssystems noch im Wege steht, als ein effektives Gegenmodell gegen totalitäre Tendenzen in unserer Gesellschaft, gegen Selbstentfremdung und Überanpassung, zu konzipieren und das emanzipatorische Potential der Antike im Sinne eines unpretentiösen Humanismus neu zu entdecken.

III.

Methodische und curriculare Vorüberlegungen

1. In dieser Arbeit werden kritische Überlegungen zur Praxis des Literaturunterrichts angestellt. Mit den Methoden, die uns Sprachsoziologie, Semantik und Ideologiekritik zur Verfügung stellen, werden zentrale Textstellen aus antiken Autoren, die in den Primen deutscher Gymnasien gelesen werden, sprachkritisch analysiert. Dabei war folgende Überlegung ausschlaggebend:

1.1. Die Sprache ist das wichtigste Instrument, um Menschen langfristig zu steuern und zu beeinflussen. Sprachanalyse – als Voraussetzung jeder Ideologiekritik – ist daher ein wichtiges pädagogisches Prinzip.

1.2. Durch das Medium der sogenannten »Bildungsgüter« wird eine Fülle von problematischen Wertvorstellungen meist unreflektiert an junge Menschen herangetragen. Diese Wertvorstellungen sind oft inkompatibel mit unserer politischen und gesellschaftlichen Realität und mit aktuellen ethischen Zielvorstellungen.

1.3. Wir müssen daher im pädagogisch-philologischen Bereich die Informationen und impliziten Handlungsanweisungen, die uns aus antiken Texten erreichen, hinterfragen und junge Menschen zu einer kritisch-rationalen Haltung im Umgang mit bedeutsamen Texten unserer Tradition erziehen.

1.4. Mit Margaret Mead können wir drei Kategorien von Kulturen unterscheiden: die postfigurative Kultur, in der Kinder primär von ihren Vorfahren lernen, die kofigurative Kultur, in der Kinder und Erwachsene von Ebenbürtigen lernen, und die präfigurative Kultur, in der Erwachsene auch von ihren Kindern lernen[19].

---

19 Margaret Mead, Der Konflikt der Generationen. Jugend ohne Vorbild, Olten 1971.

Das klassische Beispiel für seine postfigurative Kultur bietet die römische Zivilisation in ihrer spätrepublikanischen und frühkaiserzeitlichen Ausprägung. Die Verhaltensmuster der Vorfahren bilden den Grundplan für das Leben jeder neuen Generation. Stellt man die »mores maiorum«, den Zentralbegriff der römischen politischen Moral, der These Mitscherlichs von der »vaterlosen Gesellschaft« gegenüber, dann wird an diesem begrifflichen Gegensatzpaar die Problematik einer Vermittlung der Antike eklatant, die bestimmte sozial- und entwicklungspsychologische Einsichten ignoriert: In einer ersten Phase identifiziert sich der Jugendliche nach wie vor mit einer Vaterfigur; in einer zweiten Phase distanziert und dissoziiert er sich entschiedener als in früheren Zeiten von seinem Vorbild und sucht in einer Spirale von »trial-error« seinen eigenen Weg; in einer dritten Phase – und das ist nun ein geschichtliches Novum – werden die Erwachsenen von den Jugendlichen gewissermaßen angesteckt, sie werden – oft wider ihren Willen und oft auch in verkrampfter und verzerrter Form – in diesen präfigurativen Prozeß hineingezogen: Die »mores minorum« gewinnen Einfluß auf Lebensstil und Denkweise der »maiores«. Stimmt diese These vom Ende der Vatergesellschaft (Mitscherlich) und dem Anfang einer präfigurativen Phase unserer Zivilisation (M. Mead), dann läßt sich die Fragwürdigkeit des konventionellen Lateinunterrichts am Leitbegriff der »mores maiorum« exemplifizieren.

2. Aspektcharakter der Darstellung; Ablehnung eines neuen Methodenmonismus.

Der Verfasser ist sich bewußt, daß er mit der sprachkritischen Methode nur einen, allerdings wichtigen und bisher vernachlässigten, Aspekt antiker Prosatexte mit präskriptiver Darstellungstendenz erfaßt; ein Literatursoziologismus, also die Reduktion der Auslegung von Texten auf *einen* neuen Analyseaspekt, wird abgelehnt; die kritische Methode ergänzt und revidiert die konventionelle Hermeneutik, sie macht sie nicht einfach überflüssig.

3. Die Ergebnisse der vorgeführten Analyseprozeduren sind vorläufig und bedürfen selbst einer kritischen Überprüfung. Insbesondere ist sich der Verfasser seines Ungenügens in dreifacher Hinsicht bewußt:

3.1. Zunächst mag bereits die Anwendung textpragmatischer Kategorien auf antike Texte, die bewußt riskierte μετάβασις εἰς ἄλλο γένος, problematisch erscheinen, wenn man sich auf einen historistischen oder streng hermeneutischen Standpunkt stellt, denn die Frage, wieweit diese Methoden der Textanalyse adäquat sind, kann erst dann beantwortet werden, wenn sie nach der praktischen Bewährung in Situationen des Unterrichts erneut theoretisch überprüft worden sind. Manfred Fuhrmann hat vor kurzem das Wesentliche dazu gesagt[20]:

»Wer zu ändern wünscht, kann seine Vorschläge nicht aus fachinternen Erörterungen ableiten, weil es innerhalb des Faches keine grundsätzlichen Erörterungen gibt. Er muß also auf fachfremde Begriffe, Reflexionen und Modelle rekurrieren.«

3.2. Die Kriterien für eine begriffliche Scheidung von ideologischer Tendenz und kognitivem (philosophischem) Gehalt eines Aussagezusammenhanges sind noch unzureichend, die notwendigen wissenschaftstheoretischen Voraussetzungen muß sich der Verfasser erst erarbeiten.

3.3. Die Beziehungen zwischen sprachkritischen Analysen und der Texttheorie im Rahmen der modernen Linguistik (Textsemantik, Strukturalismus, Pragmalinguistik) sind im übrigen noch weitgehend ungeklärt. In zwei Aufsätzen versuchte der Verfasser, erste Brücken in dieser Richtung zu schlagen und die Relevanz textlinguistischer und struktularer Gesichtspunkte für die Theorie und Praxis des altsprachlichen Unterrichts nachzuweisen[21].

4. Problematisierung des eigenen Ansatzes.

Ideologiekritische Analysen haben, so fruchtbar sie sind, eine unübersehbare Gefahr: Sie verleiten dazu, den sachlichen Gehalt der kritisierten Theoreme nicht ernst zu nehmen. Wenn man eine Philosophie nicht als eine Hypothese ansieht, die vielleicht wahre Elemente enthält, sondern als eine grundsätzlich obsolete Form der Erkenntnis, neigt man dazu, auch sachhaltige Argumentationen für Rationalisierungen eines suspekten Interesses zu halten. Auch Ernst Topitschs Arbeiten, an die der Verfasser hauptsächlich anschließt, entgehen dieser Gefahr nicht immer. Zumal die Unterscheidung von Genese und Geltung wird zwar oft verkündet, aber genau dann vergessen, wenn Theorien falsifiziert werden, die man persönlich nicht mag. Es sagt zum Beispiel nichts gegen den philosophischen Begriff der Evidenz, daß er seinen Ursprung in schamanistischen Himmelfahrtsmythen und in der Magierekstatik hat[22]. Fatal wird diese Ten-

---

20 Manfred Fuhrmann / Hermann Tränkle, Wie klassisch ist die klassische Antike? Artemis Verlag Zürich und Stuttgart 1970, S. 7; vgl. auch: Manfred Fuhrmann, Die Antike und ihre Vermittler, Konstanzer Universitätsreden, Heft 9, Konstanz 1969.
21 Paul Barié, Fünf Kapitel Herodot – Beobachtungen zur Struktur des historischen Diskurses, in: Der altsprachliche Unterricht, Reihe XIV Heft 1 1971, S. 5–36.
Ders.: »Vieles Gewaltige lebt ...« Strukturale Analyse eines tragischen Chorliedes, in: Der altsprachliche Unterricht, Reihe XIV Heft 4 1971, S. 5–40.
22 »Nicht nur die Evidenz, oder, um ein ganz anderes Beispiel zu nennen, die Hegelsche Logik, haben mythisch-irrationale Ursprünge. Dasselbe gilt z. B. von den Keplerschen Gesetzen oder von der Theorie Newtons. Ob eine Theorie in ihrer endgültigen Fassung wissenschaftlich diskutabel ist oder nicht, darüber kann nicht die Beantwortung der Frage entscheiden, ob die Vorgeschichte dieser Theorie mythisch-irrationalen Charakter hat oder nicht (vielleicht haben die meisten Theorien eine solche oder ähnliche Vorgeschichte). Hier zeigt sich die prinzipielle Grenze jeder Ideologiekritik.« (Wolfgang Stegmüller, Metaphysik, Skepsis, Wissenschaft, zweite verbesserte Auflage, Springer-Verlag Berlin-Heidelberg-New York 1969, S. 3/4 Anmerkung 1.)

denz dann, wenn sich ein Autor der Diskussion mit alternativen Gesichtspunkten dadurch enthebt, daß er sie – etwa unter Bezugnahme auf eine Typologie der Erkenntnisformen, die ihm gestattet, sie als »archaisch« zu qualifizieren – für unwissenschaftlich und somit für indiskutabel erklärt. Dann zerstört Ideologiekritik gerade die Rationalität von Diskussionen, um die es ihr doch geht.

5. Unter dem Titel »Die mores maiorum in einer vaterlosen Gesellschaft« legt der Verfasser sechs Einzelthemen vor, an denen sich die ideologiekritische Methode im Unterricht bewährt hatte. Die Texte sind Cicero und Platon entnommen, den beiden repräsentativen Autoren der altsprachlichen Primenlektüre.

5.1. Um dem Leser die Verfahrensweisen der Ideologiekritik an einem besonders einfachen und instruktiven Textstück vorzuführen, wurde der Aufsatz: »Menenius Agrippa erzählt eine politische Fabel – ein Beispiel für Ideologiekritik im altsprachlichen Unterricht« in den Anhang aufgenommen[23].

5.2. Gleichwohl ist das Material, an dem diese sprachkritischen Operationen vorgeführt werden, noch nicht ausreichend; insbesondere sollten immanente ideologiekritische Ansätze innerhalb der antiken Literaturen gefunden und herangezogen werden. Wir verweisen auf einige Themen:
- Kritik des Xenophanes an der anthropomorphen Göttervorstellung.
- Das Sisyphos-Fragment des Kritias: Die Religion – eine Erfindung der Herrschenden?
- Kritik römischer Wertbegriffe aus griechischer Sicht. Ein instruktives Beispiel findet bei der Behandlung des patria-Begriffes Erwähnung: Die Entlarvung der Ideologie des »pro patria pugnare« durch Tiberius Gracchus (Plutarch, Gracchusvita Kap. IX.). Ein aufschlußreiches Teilthema könnte lauten: Römische pietas – Ideologie und Wirklichkeit. Ausgangspunkt: Arrian Libyke, bes. Kap. 79 ff. Dort findet man die Organisationsstelle des Themas: καὶ τάδε μὲν ὑμῶν ἄξια καὶ τῆς ὑμετέρας εὐσεβείας, ἣν προσποιεῖσθε μάλιστα ἀνθρώπων.
- Die ideologiekritische Bedeutung der antiken Skepsis[24].
- Reflex des akademischen Skeptizismus (Carneades) in der Philus-Rede (De re publica Buch III). Man überdenke z. B. den ideologiekritischen Gehalt folgenden durch Laktanz überlieferten Argumentes: »Omnibus populis qui florerent imperio, et Romanis quoque ipsis qui totius

---

23 Erstveröffentlichung in: Der altsprachliche Unterricht, Reihe XIII Heft 4 1970 (Ernst Klett Verlag Stuttgart) S. 50 ff.
24 Vgl. Paul Barié, »La crise pyrrhonienne« – über die Bedeutung eines antiken Entwurfs zu einem antidogmatischen und ideologiefreien Leben, in: Der altsprachliche Unterricht, Reihe XV, Heft 2, 1972, S. 95–114; ders.: Antike Skepsis, Wiederentdeckung einer verdrängten Tradition, Texte von Sextus Empiricus, ausgewählt und kommentiert, Textbeilage zum altsprachlichen Unterricht, Reihe XV, Heft 2.

orbis potirentur, si iusti velint esse, hoc est sie aliena restituant, ad casas esse redeundum et in egestate ac miseriis iacendum.«
- Entlarvung der Virtus-Ideologie des Somnium Scipionis durch Laktanz im 1. Buch der Institutiones, bes. im 18. Kapitel.
- Ideologische Umdeutung der politischen Realität im ersten Buch des »Bellum civile«.
- Die Calgacus-Rede in Tacitus' Agricola Kapitel 30 ff., vgl. 30,6 »auferre trucidare rapere falsis nominibus imperium, atque ubi solitudinem faciunt, pacem appellant.« Vgl. auch das Urteil des Tacitus über die Zivilisierung Britanniens am Ende des 21. Kapitels: »idque apud imperitos humanitas vocabatur, cum pars servitutis esset.«

6. Die Einzelthemen waren ausgearbeitet, bevor in der fachinternen Diskussion durch die Thesen Manfred Fuhrmanns neue Akzente gesetzt wurden. Auch die bildungstheoretischen Konzeptionen haben sich in der Zwischenzeit entscheidend geändert, besonders seit der von Saul B. Robinsohn initiierten Curriculumreform[25]. Es wäre nun unredlich, den Einzeluntersuchungen ein curriculares Mäntelchen nachträglich umzuhängen. Statt dessen soll an dieser Stelle versucht werden, den Stellenwert ideologiekritischer Textanalysen innerhalb eines altsprachlichen Curriculums zu spezifizieren.

Wir legen die Lernzielmatrix zugrunde, die vom Ausschuß für didaktische Fragen im Deutschen Altphilologenverband entwickelt und in den »Materialien zur Curriculum-Entwicklung im Fach Latein« zur Diskussion gestellt wurde:

---

25 Die einschlägige pädagogische Fachliteratur ist in der Zwischenzeit fast unübersehbar geworden. Wir greifen einige für unseren Zusammenhang relevante Veröffentlichungen heraus.
Frank Achtenhagen, Hilbert L. Meyer (Hrg.), Curriculumrevision, Möglichkeiten und Grenzen, München 1971. Christine Möller, Technik der Lernplanung, Methoden und Probleme der Lernzielerstellung, Verlag Julius Beltz, Weinheim, Berlin, Basel, 2. Auflage 1970. Herwig Blankertz, Theorien und Modelle der Didaktik, München 3. Auflage 1970. Kollegstufenarbeit in den alten Sprachen, herausgeg. von K. Bayer und K. Westphalen, Bayerischer Schulbuchverlag München 1971. Materialien zur Curriculumentwicklung im Fach Latein, Ausschuß für didaktische Fragen im Deutschen Altphilologenverband, Mai 1970. Verantwortlich für Zusammenstellung und Vervielfältigung: Dr. Karl Bayer, 8 München 13, Luisenstraße 61a/2.

7. Matrix

verwendet als Suchschema für Lernziele und Fachleistungen des Latein- und Griechisch-Unterrichts

Lern- ziel- Taxonomie	Inhalts-Klassen			
	Sprache	Literatur	Gesellschaft Staat Geschichte	Grundfragen mensch- licher Existenz (Humanismus)
Wissen	S 1	L 1	G 1	H 1
Reorgani- sation des Gewußten	S 2	L 2	G 2	H 2
Transfer	S 3	L 3	G 3	H 3
Problem- lösendes Denken	S 4	L 4	G 4	H 4

O. Schönberger – Kl. Westphalen

Wir erweitern die Inhaltsklasse H: Grundfragen menschlicher Existenz (Humanismus) und schlagen folgende Neuformulierung für H vor:

H = philosophische und anthropologische Grundfragen.

7.1. Sprach- und ideologiekritische Textanalysen gehören primär – wenn man den erkenntnistheoretischen und kognitiven Aspekt betont – in den Lernzielbereich »Philosophie«; sekundär – wenn man den pragmatischen Aspekt und die Transferleistung berücksichtigt, wird die Inhaltsklasse G (– Gesellschaft / Staat / Geschichte –) relevant.

7.2. Präzisierung der Inhaltsklasse »Philosophie«. Wir können informell dem traditionellen (europäischen) Philosophiebegriff fünf Funktionen zuordnen[26].

---

[26] Zu den ersten drei genannten Aufgaben der Philosophie vgl. den Aufsatz von Max Bense, Warum man Atheist sein muß, in: Jahrbuch für kritische Aufklärung, Club Voltaire I München 1963.

7.2.1. Fundierende Funktion: Probleme der Logik, der Erkenntnistheorie und der wissenschaftlichen Theorienbildung. Pädagogisches Postulat: Ein logisches (und methodologisches) Propädeutikum auf der Kollegstufe ist unerläßliche Vorbedingung für einen wissenschaftlichen Arbeitsstil.

7.2.2. Utopische Funktion: Transzendieren der primären Realität durch Projektion möglicher Welten. Beispiele: Platons Politeia; die klassenlose Gesellschaft von Marx; Blochs konkrete Utopie; Poppers Konzeption einer offenen Gesellschaft.

7.2.3. Kritische Funktion: Im Kontext kritischen Philosophierens findet der Analyseaspekt, der in dieser Arbeit vorgeführt wird, seinen curricularen Stellenwert. Vgl. dazu unter Nr. 8.

7.2.4. Existentielle Thematik; Problemhorizont: Wie kann der Mensch dem Realitätsdruck standhalten? Beispiele: Die Thematik von Ciceros Tuskulanen: Verachtung des Todes, Ertragen des Schmerzes, Milderung des Kummers; Ataraxie und Apathie als Verhaltensdispositionen.

7.2.5. Eleusische Funktion der Philosophie[27]: Philosophie als Sekundärreligion, als eine Form menschlicher Selbsterlösung. Beispiele: Ciceros Hymnus »O vitae philosophia dux«; die Diskussion des stoischen Paradoxons, daß die Tugend allein zur Glückseligkeit genüge, im 5. Buch der Tuskulanen; das Werk des Lucretius.

8. Die kritische Funktion der Philosophie bezieht sich auf die Entlarvung und Revision gesellschaftlicher Mißstände und Privilegien und auf die kritische Analyse herrschender Ideologien. Sie umfaßt ferner die Kritik von Weltanschauungen und Wertsystemen, das Aufdecken unbewußter Zirkelschlüsse, scholastischer Strategien im theologischen, politischen und ökonomischen Bereich, und jeder Form apologetischen Vernuftgebrauchs.

9. Axiomatische Vorentscheidung: Wir ersetzen die Idee der Rechtfertigung (= Erklären durch einfühlendes Verstehen als humanistische Attitüde) durch das Prinzip der kritischen Prüfung der Informationen, die uns durch das Medium antiker Texte erreichen (Falsifikationsprinzip).

9.1. Wissenschaftstheoretischer Ausgangspunkt ist der kritische Rationalismus Karl Raimund Poppers und der neopragmatische Denkstil (rechtfertigungsfreier Kritizismus), wie er in Deutschland vor allem durch Ernst Topisch und Hans Albert vertreten wird.

9.2. Kritischer Rationalismus – als eine »empfehlenswerte Spielart der Skepsis« – setzt Consensus zu einem Werturteil voraus, das die Bereitschaft einschließt, »die Herausforderung von Argumenten und Gegen-

---

27 Dieser Ausdruck stammt von Arthur O. Lovejoy.

argumenten anzunehmen und jeden Standpunkt einer kritischen Prüfung zu unterziehen – mit Ausnahme dieser Devise«[28].

9.3. Die realitätsverändernde Relevanz dieser Konzeption liegt als unausgesprochene pädagogische Prämisse den nachfolgenden Untersuchungen zugrunde.

10. Angestrebtes Lernziel: Entwicklung kritisch-rationaler Haltung durch Analyse relevanter Texte unserer Tradition und durch systematische Reflexion über soziokulturelle Zusammenhänge.
Im einzelnen sind folgende Teillernziele wichtig:

10.1. Teilverwirklichung des axiomatischen Prinzips »Emanzipation« durch Hinterfragen historischer Modelle und Problemlösungsversuche.

10.2. Einsicht, daß durch Tabuierung eines Objekt- oder Wertbereichs der Erkenntnisstand niedrig gehalten und eine Erkenntniserweiterung blockiert wird.

10.3. Fähigkeit, sich von vermeidbaren – vorgedachten und vorgegebenen – Abhängigkeiten zu lösen, traditionelle und konventionelle Vorentscheidungen kritisch zu reflektieren und den apologetischen Charakter konservativer Strategien zu durchschauen.

10.4. Einsicht, daß Erkenntnisfortschritt ein Prozeß ist, der zwar erst durch Spekulation (– Hypothesenbildung –) in Gang gebracht wird, aber durch Kritik (– Elimination möglicher Fehler –) gesteuert werden muß.

10.5. Anerkennung der wichtigen Modellfunktion antiker Problemlösungsversuche und Hypothesen: Strukturierung eines Problemfeldes ist notwendige, aber stets vorläufige Voraussetzung für jede Erkenntniserweiterung.

10.6. Ein sprach- und ideologiekritischer Unterrichtsstil ist per definitionem problemorientiert; er ist geeignet, Verhaltensdispositionen zu aktivieren, die den jungen Menschen befähigen, »sich seines Verstandes zu bedienen« (Kant) und »ich-gestärkt« (Mitscherlich) rationale und humane Problemlösungen zu finden.

10.7. Wichtige Einschränkung:
Theoretischer Pluralismus (– Denken in Alternativen –) ist notwendige, aber nicht hinreichende Bedingung für Entscheidungs- und Handlungsfähigkeit. Mit dieser Einschränkung gilt die Formulierung des Deutschen Altphilologenverbandes: »Besitz von Bildung, die zum Widerstand fähig macht«[29] für den hier vorgeführten Interpretationsaspekt.

---

28 Gerard Radnitzky, Über empfehlenswerte und verwerfliche Spielarten der Skepsis, in: Ratio, 7. Band 1965 S. 109–135; Zitat S. 114.
29 Materialien zur Curriculum-Entwicklung im Fach Latein S. 31 unter Nr. 6.5.

IV.
Historia – magistra vitae?

Bis ins 18. Jahrhundert hinein vermochte der Topos von der »historia magistra vitae« die Erfahrung der Geschichte zu artikulieren. Die Vergangenheit wurde verstanden als Fundus prinzipiell wiederholbarer Geschichten (– exempla –), aus denen man eine kausale oder moralische Nutzanwendung extrahieren könne. Erst das 19. Jahrhundert hat die Neuheit der jeweils zeitgenössischen Situation entdeckt und die naive Beispielhaftigkeit der Historie überwunden:

»Man verweist Regenten, Staatsmänner, Völker vornehmlich an die Belehrung durch die Erfahrung der Geschichte. Was die Erfahrung aber und die Geschichte lehren, ist dieses, daß Völker und Regierungen niemals aus der Geschichte gelernt und nach Lehren, die aus derselben zu ziehen gewesen wären, gehandelt haben. Jede Zeit hat so eigentümliche Umstände, ist ein so individueller Zustand, daß in ihm aus ihm selbst entschieden werden muß, und allein entschieden werden kann. Im Gedränge der Weltbegebenheiten hilft nicht ein allgemeiner Grundsatz, nicht das Erinnern an ähnliche Verhältnisse, denn so etwas wie eine fahle Erinnerung hat keine Kraft gegen die Lebendigkeit und Freiheit der Gegenwart[30].«

Seitdem kann eine Aneignung der Tradition nur dann bestehen, wenn sie das Überlieferte nicht schlicht repetiert, sondern im Medium gegenwärtiger Erfahrung bricht. Wenn das gelingt, kommt ein Prozeß der Aufklärung in Gang, der weder unser Selbstverständnis noch unsere Auffassung tradierter Anschauungen unverändert läßt. Diese Art der Rezeption ist von der resignierten Demutshaltung des Nachgeborenen ebensoweit entfernt wie von der Selbstgewißheit des »modernen Menschen«, dem die Überlieferung zur Vorgeschichte der von ihm entdeckten Wahrheit verblaßt.

---

[30] G. W. F. Hegel, Vorlesungen über die Philosophie der Geschichte, Werke, herausg. von H. Glockner, Bd. 11, S. 31.

B
PRAKTISCHER TEIL

Textanalysen

Vorüberlegungen:
Die Frage nach Struktur und Funktion als Grundlage sprachkritischer Textanalysen

Diese Studie befaßt sich mit einem zu wenig beachteten Aspekt philosophisch-weltanschaulicher Texte, die im altsprachlichen Unterricht der gymnasialen Oberstufe gelesen werden, mit der kritischen Durchleuchtung der Information, die aus antiken Prosatexten uns erreicht. Die Überlegungen und Thesen, die hier vorgetragen werden, gründen im Unbehagen eines Philologen bedeutsamen Texten unserer geistigen Tradition gegenüber, deren unterrichtliche Ausdeutung den Interpreten zwang, den Informationsgehalt dieser Aussagen in einer Weise kritisch zu überprüfen, die über das konventionelle Maß unterrichtlicher Sachkritik hinausging. Dabei wurden sprachlogische, soziolinguistische und weltanschauungskritische Gesichtspunkte für die Textanalyse bedeutsam.

Ich will das Problem an einem ersten Beispiel verdeutlichen. Dabei gehe ich von zwei Sätzen des sogenannten »Somnium Scipionis« aus. Diese 26 Kapitel umfassende Erzählung einer Traumerscheinung bildet Höhepunkt und Abschluß von Ciceros Staatsschrift. Bei der Lektüre dieses Textes, auf den heutige Primaner unerwartet reserviert zu reagieren pflegen, empfand ich zum ersten Mal die Aporie, die mich zu grundsätzlichen Überlegungen und zur vorliegenden Untersuchung veranlaßte.

Im autokinetischen Seelenbeweis (– Seele als Prinzip der Selbstbewegung –) platonischer Provenienz, der das Somnium Scipionis abschließt, begegnen unter anderem folgende Aussagen:

A »Quod semper movetur, aeternum est.«
B »Principii autem nulla est origo; nam ex principio oriuntur omnia.«

Als ich zum ersten Mal mit einer Oberprima diese Sätze las, wurde mir am Beispiel dieser beiden Aussagen eine neuartige Problemsituation deutlich bewußt. Ich hatte zunächst versucht, das Somnium so zu interpretieren, daß es als eindrucksvolles Sprachkunstwerk in seinen poetischen, rhetorischen, philosophischen und religiösen Dimensionen erlebt werden konnte; mögliche Einwände logischer und sachlicher Art hatten wir zwar während der Lektüre zu einzelnen Stellen notiert, waren aber entschlossen – zumindest war ich es –, den Text »anzunehmen« und uns von ihm führen zu lassen, so wie man z. B. den Sonnenhymnos des Echnaton ernst nehmen kann als Bekenntnis eines Dichterkönigs und als Ausdruck eines neuen politischen und religiösen Bewußtseins, auch wenn der moderne Leser kein Anhänger eines solaren Kultes ist. Das Erlebnis einer kosmisch-politisch-religiösen Konzeption vom künstlerischen Range des Somnium kann – freilich in der Brechung durch ein historisch-distanziertes Bewußtsein – für junge Menschen bedeutsam sein, bevor für sie die Wirklichkeit endgültig aspektanalytisch gesehen wird und in die Fakultäten und Spezialdisziplinen auseinanderfällt (»Die Welt als Einheit zu empfinden ...«). Andererseits setzt ein methodisch und intellektuell redlicher Unterricht voraus, daß von Lehrenden und Lernenden klar unterschieden wird zwischen der quaestio facti und der quaestio iuris, zwischen Erkenntnisebene und Erlebnisebene, zwischen Sachfragen und Wertfragen, also zwischen zwei Formen des Realitätsbezugs, die nicht voneinander abgeleitet werden können.

Aussagen mit ähnlicher Inhaltsstruktur wie die angeführten Sätze aus dem Somnium Scipionis begegnen allenthalben in der philosophischen Literatur der Antike. Nun reagieren aber junge Menschen auf solche Aussagen in der Regel mit einem diffusen Unbehagen. Sobald man sie dann zu Stellungnahmen provoziert, kommen Feststellungen von folgender Art zustande: Die Aussagen A und B stimmen auf jeden Fall; sie stimmen, weil sie wahr sind, und wahr sind sie deshalb, weil man sie nicht widerlegen kann. Kontradiktorische Sätze, etwa von der Form: »Was sich immer bewegt, ist vergänglich«, oder: »Es gibt einen Uranfang des Uranfangs« sind offensichtlich sinnlos und falsch. Trotzdem imponieren die wahren Sätze A und B nicht so, wie wir es eigentlich von uns – und von ihnen – erwarten; sie lassen uns eigentümlich kalt und unberührt. Es gibt demnach Wahrheiten von unverbindlicher Art, die uns nicht sonderlich aufregen und die uns auch nicht zu einer engagierten Stellungnahme herausfordern. Wir präzisieren diese Feststellungen und kommen zu folgendem vorläufigen Ergebnis: »wahr« heißt in diesem Falle soviel wie »sprachlich wahr« oder »immer wahr« oder »logisch wahr«. Folgende Vermutung liegt also nahe: Weil die Aussagen A und B einfach nicht falsch sein können, betreffen sie uns nicht in gleichem Maße wie die – mögliche, aber erst zu erweisende – Wahrheit eines Satzes, über den es sich zu diskutieren lohnte. (Nietzsche würde in diesem Falle von »knochenlosen Allgemeinheiten« sprechen.)

Zur Lösung unseres Erlebnisdilemmas lassen wir uns im Sinne des Sokrates vom Logos weiterführen und wagen in der Schule erste erkenntnistheoretische Schritte. Zu diesem Zweck machen wir uns mit einer grundlegenden sprachlogischen Unterscheidung vertraut[31].

Bei jeder Aussage oder Aussagenmenge können wir vier Dimensionen unterscheiden:

1. den Informationsgehalt
2. den Realitätsbezug

---

31 Über die praktische Bedeutung dieser sprachlogischen Unterscheidungen vgl. man die Aufsätze von Hans Albert in dem Band: Logik der Sozialwissenschaften, herausg. von Ernst Topitsch, Neue Wissenschaftl. Bibliothek Bd. 6 Soziologie, Köln-Berlin '66: Theorie und Prognose in den Sozialwissenschaften, S. 127 ff.; Wertfreiheit als methodisches Prinzip, S. 181 ff. (bes. die Kapitel II und III), und: Modellplatonismus S. 406 ff. Grundlegend ist auch der Aufsatz von Topitsch im gleichen Band: Sprachlogische Probleme der sozialwissenschaftlichen Theoriebildung, S. 17 ff. –

3. die Überprüfbarkeit (Bewährungsgrad eines Satzes)
4. die Wahrheit.

Zur Illustration dienen einfache Beispielsätze; z. B.: »Wenn es morgen nicht bewölkt ist, dann scheint die Sonne.«
Wir stellen sofort fest: Dieser Satz erfüllt immerhin die Bedingungen 2 und 4. Er ist auf einen Realitätsbereich bezogen (Wetter) und enthält empirische Daten der Meteorologie (bewölkt; Sonnenschein). Er ist außerdem unbedingt wahr. Der Informationsgehalt (und damit die prognostische Valenz) der Aussage ist aber gleich null, der logische Spielraum praktisch unendlich. Die Information ist nicht überprüfbar, da keine Möglichkeit des Wetter denkbar ist, die dieser Satz definitiv ausschließt. Es zeigt sich also, daß die »Wahrheit« dieses Satzes teuer erkauft ist: Er ist nur deshalb wahr, weil er informationsleer und somit nicht überprüfbar ist, sich also nicht bewähren kann. Ich kann ja nur überprüfen, was sich auch als falsch herausstellen kann. Gleichzeitig halten wir fest, daß man mit einigem Geschick eine Aussage so manipulieren kann, daß sie nicht mehr scheitern wird, indem man die logische Wahrheit eines Satzes auf Kosten der echten Information und empirischen Überprüfbarkeit erhöht. Im allgemeinen wird man das zwar nicht so ungeschickt machen wie in unserem Beispiel, mit dem sich jeder Meteorologe lächerlich machen würde; man wird weniger gründlich vorgehen, aber dafür sorgen, daß der Informationsgehalt möglichst niedrig und daß die benutzte Strategie nicht ohne weiteres durchschaubar ist. Wir dachten dabei nicht nur an Wetterprognosen, sondern auch an die Methoden der Reklame und der Werbung, und nicht zuletzt an die Äußerungen prominenter Politiker, in denen diese aus taktischen Gründen vermeiden, sich verantwortlich festzulegen.

Nehmen wir jetzt eine andere schlichte Aussage des Alltags: »Morgen regnet es.« Dieser Satz besitzt prognostischen Wert; wer sich so definitiv äußert, nimmt das Risiko auf sich, durch Sonnenschein am nächsten Tag widerlegt zu werden. Die Bedingungen 1, 2 und 3 sind bei diesem Satz erfüllt, die Wahrheit der Aussage kann sich freilich erst »a posteriori« herausstellen, falls die prognostische Information stimmt und der Satz sich in der Realität des folgenden Tages bewährt hat.

Als Ergebnis unseres Exkurses halten wir zweierlei fest:

a) Wir halten künftig diese vier Aussageebenen auseinander; vor allem haben wir in jedem einzelnen Fall darauf zu achten, ob eine Aussage informativ ist und in welchem Maße diese Information kontrollierbar ist.

b) Wir unterscheiden logische und empirische Wahrheit von Sätzen. Die logische Wahrheit einer Aussage ist keine Funktion ihres Gehaltes.

Logisch-wahre Sätze können durchaus informationsarm oder sogar informationslos sein. Die empirische Wahrheit eines Satzes dagegen entspricht dem Grad seiner Bewährung.

Indem wir das Ergebnis auf unsere beiden Sätze aus dem Somnium anwenden, können wir feststellen:

1. Die Aussagen A und B sind wahr, d. h. logisch richtig.
2. Ihre Wahrheit ist aber rein tautologischer Art. (Tautologie war den Schülern bisher nur als Synonym zu dem rhetorischen Terminus Pleonasmus bekannt)[32]. Tautologien sind aber inhaltsleer; sie bieten keine empirische Information[33].
3. Wir fühlten uns von diesen beiden Sätzen deshalb nicht betroffen, weil wir die erste und dritte Aussagedimension vermißten. Daher war die erste, noch unreflektierte Antwort meiner Schüler berechtigt: »Man kann mit diesen Sätzen nichts anfangen.«
4. Wenn nun informative Aussagen über einen Realitätsbereich (– z. B. »Sternbahnen sind Kreise« –) mit tautologischen Sätzen »gemischt« einen Beweisgang bilden, so ist – vom sprachkritischen Standpunkt aus – die Argumentationsstruktur deshalb fragwürdig, weil bei einer Konfundierung von formallogischer und sachlicher Aussageebene die Beweisführung sich zwangsläufig im Kreise dreht, wodurch ein Erkenntniszuwachs innerhalb des Beweisganges lediglich vorgetäuscht wird.

Die Kant'sche Unterscheidung zwischen analytischen und synthetischen Urteilen kann uns helfen, unsere Satzanalyse zu einem vorläufigen Abschluß zu bringen. Dabei werden wir freilich nicht die Fundamentalfrage erörtern, ob und in welcher Form synthetische Sätze a priori möglich seien[34]. Wir übernehmen nur die Kant'schen Begriffe: Synthetische Sätze informieren a posteriori über die empirische Realität; die Sätze der Logik dagegen sind von analytisch – tautologischer Art; sie sind erfahrungsunabhängig (– a priori –) und stellen dem Denken ein formales Kategoriennetz zur Verfügung als Orientierungshilfe innerhalb möglicher logischer Welten. Der Satz ἀρχὴ ἀγέννητον, von dem wir ausgingen, ist analytisch-

---

[32] Das Repetitorium der lat. Syntax und Stilistik von Menge (12. Auflage 1955) unterscheidet noch zwischen Pleonasmus (z. B. initia incohare) und Tautologie (rursus denuo); diese Differenzierung läßt sich nicht streng durchführen.
[33] In der Sprachsoziologie spricht man von »Tautologisierung«, d. h. von der Möglichkeit, eine Aussage kritikresistent zu machen, indem man ihren Informationsgehalt radikal verringert und ihren Spielraum vergrößert. Über die möglichen Strategien (z. B. ceteris paribus Klauseln, Leerformeln) und ihre Auswirkungen vgl. man bes. den erwähnten Aufsatz von Albert über Modell-Platonismus.
[34] Die wissenschaftstheoretische Problematik einer Unterscheidung von synthetischen und analytischen Aussagen klammern wir hier aus. Vgl. Wolfgang Steegmüller, Metaphysik, Skepsis, Wissenschaft, bes. Kapitel I, Das Problem der Metaphysik.

tautologisch, er stellt also auch keine metaphysische (– genauer gesagt: formal stellt er noch keine metaphysische –) Aussage dar[35].

Mit diesem Exkurs über den Informationsgehalt zweier Sätze des Somnium Scipionis habe ich meine Kompetenz im Sinne konventioneller Didaktik überschritten, indem ich Einzelaussagen kontextunabhängig analysierte und einen Maßstab an sie anlegte, der nicht textimmanent ist. Es ist fraglich, ob ein Zeitgenosse Platons oder Ciceros die Sätze A und B nach ähnlichen Gesichtspunkten hätte beurteilen können (vielleicht einzelne Sophisten, der »Nominalist« Antisthenes oder pyrrhonische Skeptiker?). Ich wurde auf diesen Weg geführt, weil einzelne Schüler sich von unserem Text nicht einfach beeindrucken ließen, sondern die »Wahrheit« dieser Aussagen als Provokation empfanden. Indem wir gemeinsam unser Unbehagen ins Bewußtsein hoben, wurde nicht nur die Beweiskraft dieser Einzelaussagen erschüttert, sondern das gesamte autokinetische Modell erneut fragwürdig. Darüber wird später noch zu berichten sein. Hier soll nur die grundsätzliche Frage gestellt werden, ob es der Sinn einer unterrichtsgebundenen Textanalyse sein kann, »klassische« Texte einer streng rationalen Kritik auszusetzen und ihren theoretischen Gehalt zu falsifizieren. Kann ein antiker Text vielleicht sogar eine aktuelle Dimension gewinnen, wenn wir ihn nicht mehr nur hermeneutisch-deutend verstehen, sondern kritisch-prüfend überschreiten, indem wir das Prinzip der Falsifizierbarkeit einer Aussage als Relevanzkriterium etablieren? Welcher Maßstab der Beurteilung ist dann aber dem Somnium Scipionis angemessen? Von welcher Art ist die Information, die uns durch das Medium dieses Textes erreicht? – Einige Gedanken zu diesem Problem stelle ich der eigentlichen Untersuchung noch voran.

Als ein politisch-philosophisches Werk bezieht sich Ciceros Staatsschrift deutend und beschreibend, wertend und planend auf die gesellschaftliche, also von allen erfahrbare und allen gemeinsame Wirklichkeit. Da diese Schrift eine bestimmte Staatsform, die sich in der römischen Geschichte entfaltete (– die res publica –) in werthafter Überprägnanz entwickelt und dann – von griechischer Verfassungstheorie (Polybios) und Staatsmetaphysik (Platon) her – das historisch Gewordene als das paradigmatisch Gültige rechtfertigt, ist der Maßstab ideologiekritischer Beurteilung diesem Werk gegenüber angemessen; die Schrift De re publica ist klassisches Bei-

---

35 Ich bin mir bewußt, daß die Problematik einer Aussage von der Form ἀρχὴ ἀγέννητον hiermit nur in propädeutischer Annäherung erfaßt ist. Der Satz hat die gleiche logisch-semantische Struktur wie die Aussage »Der Schimmel ist weiß«; pragmalinguistisch ist der Satz freilich keineswegs inhaltsleer. Setze ich für »Ursprung« den Term »Die Welt« ein, dann ist der Satz nicht mehr analytisch, sondern ein naturphilosophisches Axiom (»Die Welt ist ungeworden.«) Setze ich die Chiffre »Gott« ein, dann gewinne ich einen theologischen Basissatz von halb tautologischer Art: Ich prädiziere etwas, was ich implizit mit dem Subjekt mitzudenken entschlossen bin (Götter könnten auch geboren, also geworden sein). Die kosmologischen bzw. religiösen Konnotationen des Arché-Begriffes erfüllen also die analytische Formel mit – scheinbarem – ›synthetischem‹ Leben.

spiel für eine politische Rechtfertigungsphilosophie[36]. Die Handlungsanweisungen, die Cicero in seiner Darstellung entwickelt, beschränken sich nicht auf Thesen von der Unverbindlichkeit des Satzes: iustitiam cole et pietatem. Eine sprach- und weltanschauungskritische Einstellung ist auch dann möglich und angebracht, wenn – wie beim Somnium Scipionis – eine Mischform zwischen Poesie und Prosa vorliegt (dichterische Prosa), weil uns dieser Stil so disponiert, daß wir seiner Faszination leicht unkritisch verfallen. Diese Gefahr ist für den Interpreten größer als für seine Schüler, weil junge Menschen in den meisten Fällen auf das »genus grande« reserviert reagieren. Man beobachte aufmerksam die Schülerreaktion auf Ciceros Hymnus: »O vitae philosophia dux! . . .«[37]. Es läßt sich feststellen, daß sakrales Pathos in Verbindung mit analytisch-tautologischen Sätzen[38] das Spontanverhalten des engagierten Interpreten zunächst unkritisch beeinflußt und die streng rationale Auseinandersetzung mit dem Inhalt der Mitteilung lähmt. Man könnte von einer Immunisierungsstrategie durch sakralsprachlich-poetische Texttabuierung sprechen; es wird – bewußt oder halbbewußt – an die Emotion, nicht an die Ratio appelliert. So steht der Interpret in dem Dilemma zwischen einfühlender Bewunderung und kritischer Distanzierung.

Gewiß ist es falsch, die Sprache des Somnium als pseudoreligiös abzuwerten, da für römisches Staatsdenken das Heilige und das Gesellschaftliche tatsächlich eine Einheit bildeten[39]. Dabei ist es uns im einzelnen nicht mehr möglich festzustellen, wieweit Elemente einer archaischen Weltdeutung (z. B. soziomorphe Auffassung des Universums und kosmomorphe Deutung der gesellschaftlichen Wirklichkeit) von den klassischen Repräsentanten des römischen Staatsdenkens bewußt als Mittel der Herrschaft verwendet wurden. Überhaupt führt der Versuch, die geschichtliche Bedingtheit einer Aussage zu erfassen, nicht zwangsläufig zu einem angemessenen Textverständnis, da man den Inhalt jeder Aussage durch historische Relativierung abschwächen, entschuldigen oder rechtfertigen kann. Ohne Berücksichtigung der historischen Dimension besteht aber für den Interpreten die Gefahr, daß er die Texte emotional bewundert und sich im ästhetischen Erlebnis verliert, ohne kritische Distanzierung zu gewinnen. So kann das sakrale Ethos des Somnium Scipionis den engagierten Interpreten verführen, sich in das gleiche Medium religiöser Emotion

---

36 Vgl. bes. De rep. I 46/70: »quam (sc. die res publ., wie sie die maiores reliquerunt-) . . . simul et qualis sit et optimam esse ostendam, expositaque ad exemplum nostra re publica, accomodabo ad eam . . . omnem illam orationem . . . de optimo statu civitatis.« »qualis sit et optimam esse« ist das Programm von Ciceros Staatsschrift.

37 Doch ist der Grundgedanke: Philosophie als Lebenshilfe, Teil unserer philosophischen Tradition; man denke z. B. an den Teil der west-europ. Philosophie, die sich an den Problemen der menschlichen Existenz orientiert (insbesondere die Philosophie von Karl Jaspers).

38 Klingt »archē agennēton« nicht wie der Anfang eines Glaubensbekenntnisses in Thesenform? vgl. den Anfang der Johannesparaphrase des Nonnos: ἄχρονος ἦν, ἀκίχητος, ἐν ἀρρήτῳ λόγῳ ἀρχῆ . . .

39 Vgl. z.B. M. Eliade, Das Heilige u. das Profane, rde Nr. 31

und Gestimmtheit zu begeben (ästhetische Bewunderung als säkularisierte Form sakraler Ehrfurcht); ohne kritische Textdistanz ist aber die pragmatische Tendenz einer Aussage nicht zu erfassen. Während man noch zu erklären glaubt, ist man bereits zur Rechtfertigung übergegangen.

Aus der angedeuteten Problemlage ergeben sich viele Fragen grundsätzlicher Art, von denen hier nur einige angeschnitten werden können:

1. Wieweit ist die Klassengemeinschaft, wieweit der kleine Arbeitskreis privater Art der rechte Ort für kritische Stellungnahmen zu antiken Denkmodellen?
2. Wie ist naheliegenden Einwänden zu begegnen, daß durch diesen Denkstil die »legitime«, d. h. humanistische Interpretation gestört, die Erlebnisfähigkeit des jungen Menschen beeinträchtigt, die Dauerreflexion überbetont werde?
3. Wieweit werden junge Menschen begrifflich und philosophisch überfordert? Gehen philosophische, wissenslogische, weltanschauungskritische Begriffe über die Fassungskraft auch »humanistisch« geschulter Primaner hinaus? Ist ihnen auch in den philologisch-historischen Fächern eine »Anstrengung des Begriffs« zumutbar, die ihnen im allgemeinen nur in der höheren Mathematik abverlangt wird?
4. Können Texte mit stark irrationaler Komponente (z. B. Somnium Scipionis, Jenseitsmythen in Politeia und Gorgias) für den Lektürekanon verbindlich sein? Eine angemessene Interpretation setzt in diesen Fällen beim Interpreten und seinen Schülern intuitiven und ästhetischen Spürsinn voraus, ohne daß auf kritische Reflexion über die Tragweite des Inhalts verzichtet werden kann. Denn wir wollen keine moralischen, religiösen oder politischen Standards vermitteln; wir können aber ethische, religiöse, politische Phänomene einer vergangenen Welt sichtbar machen und im einzelnen aufzeigen, in welchem Maße die antike Welt- und Selbstdeutung unsere eigene Weltsicht beeinflußt hat. Auch müssen wir immer damit rechnen, daß die antiken Denkmuster uns einseitig festlegen und bestimmte Vorurteile fixieren, deren Überwindung nur möglich ist durch rational-kritische Widerlegung der antiken Vorstellungen[40].
5. Wie ist überhaupt unser Lektürekanon entstanden? Welche geistesgeschichtlichen und gesellschaftlichen Voraussetzungen haben ihn geprägt? Warum stehen Autoren wie Lukrez, die Politik des Aristoteles, Sextus Empiricus und viele andere nicht gleichberechtigt neben den sogenannten »Klassikern«? Welche moralischen, ästhetischen und nicht

---

40 In »Humanitas«, Festschrift des Humanistischen Gymnasiums Landau, Landau 1962, wies ich in ähnlichem Zusammenhang (S. 76) auf das Werk von Theodor Gomperz, Griechische Denker, hin (Leipzig 1895–1909). »Die Kenntnis dieser Ursprünge«, schreibt er im 1. Band S. 432, »ist die unerläßliche Voraussetzung für die Befreiung von ihrem übermächtigen Einfluß.«

zuletzt politischen Auffassungen führten dazu, gerade bestimmte Autoren als Schulklassiker zu deklarieren, und wieweit sind diese Voraussetzungen für uns durchschaubar? Welche Rückschlüsse läßt dieser Kanon zu auf die gesellschaftliche Situation, in der er entstand, und auf das Problembewußtsein, dem er entspricht? Wie sähe überhaupt ein demokratisch-pluralistisches Lektüreangebot im altsprachlichen Unterricht aus? Müßte sich da nicht der Fachlehrer mit seiner Klasse aus einem breiten Angebot eine Auswahl zusammenstellen, die den konkreten Bedingungen einer Klassengemeinschaft und den individuellen Interessen des Lehrers der alten Sprachen entgegenkommt? Erwartet man nicht vom Philologen, daß er sich – ähnlich wie der Theologe – an einen bestimmten, nach werthaften Gesichtspunkten ausgewählten Kanon engagiert und daß er diesen Kanon als Ganzes akzeptiert? Wieweit hat der Philologe das Recht und die Pflicht, nicht nur die Geschichte, sondern – in Abwandlung eines Wortes von Walter Benjamin – auch die Literatur »gegen den Strich zu bürsten«?

Eine zentrale Aufgabe des sprachlichen Gymnasiums ist die Erziehung zu kritischem Lesen; deshalb müssen sämtliche Dimensionen antiker Texte berücksichtigt werden, auch die Pragmatik. Dabei dürfen die Inkongruenzen zwischen antikem und modernem Welt- und Selbstverständnis nicht verschwiegen werden. Die Idee der Rechtfertigung ist durch das Postulat der kritischen Prüfung zu ersetzen[41].

Daher sollen in den folgenden Ausführungen antike Texte nach zwei Gesichtspunkten beurteilt werden:

1. Unter welchen Voraussetzungen können bestimmte Konzeptionen eines antiken Denkers überhaupt gedacht werden? (Frage nach der Argumentationsstruktur).
2. Was leisten diese Konzeptionen? Welche Denkimpulse gehen von ihnen aus und welche Konsequenzen ergeben sich für den Weiterdenkenden? (Frage nach der Funktion.)

Dabei argumentieren wir mit Begriffen, die zum Grundinventar der Sprach- und Wissenschaftslogik gehören (Analogie; Projektion und Reflexion; syntaktische, semantische, pragmatische Dimension einer Aussage; Geltungsmodus der Darstellung; synthetisch – analytisch; deskriptiv – präskriptiv; faktisch – normativ).

Beispiele für die sprach- und ideologiekritische Problematik antiker Prosatexte werden im folgenden skizziert. An sechs Themenbereichen soll dieser Analyseaspekt exemplarisch vorgeführt werden:

---

41 Zum Postulat der kritischen Prüfung vgl. Hans Albert, Traktat über kritische Vernunft, Tübingen 1968, vor allem das 2. Kapitel: Die Idee der Kritik (theoretischer Pluralismus), S. 29–54.
Den philosophischen Ansatz des Prinzips der kritischen Prüfung verdanken wir K. Raimund Popper Einen Überblick über die Philosophie Poppers bietet der Aufsatz von H. Albert, Der kritische Rationalismus K. R. Poppers, in: Archiv f. R. u. Sp. Ph., XLVI /3 1960.

I. Beobachtungen zum Verhältnis pater-patria.
II. Untersuchung der stoischen These, daß die Welt um des Menschen willen existiere.
III. Gottes- und Vorsehungsbegriff der Stoa im Vergleich zur Theologie der Epikureer.
IV. Sphärenharmonie und siebensaitige Lyra.
V. Der autokinetische Seelenbeweis im Somnium Scipionis; seine Herkunft und Leistung; kritische Beurteilung.
VI. Die Sonne und die Idee des Guten bei Platon.

I.
Beobachtungen zum Verhältnis pater-patria

Das erste Fragment, das Büchner in seiner Ausgabe von Ciceros Staatsschrift anführt, lautet[42]:

»Sic, quoniam plura beneficia continet patria
et est antiquior parens quam is qui creavit,
maior ei profecto quam parenti debetur gratia.«

Wir werden zunächst von diesem Satz ausgehen und ihn unter folgenden Gesichtspunkten analysieren:
1. In welche sprachliche Form ist die Information dieses Satzes gebunden? – Frage nach dem Geltungsmodus der Aussage[43].
2. Wieso ist eine Formulierung dieser Art überhaupt denkbar? – Frage nach den Implikationen und Satzvoraussetzungen.
3. Wie reagiert kritische Vernunft auf die kommunikative Intention dieses Cicerosatzes?

Im weiteren versuchen wir, den Problembereich »Vaterland und Vaterbild« über diese exemplarische Stelle zu erschließen.

1.

Die Periode kann in drei Propositionen untergliedert werden, in den Kernsatz (I) und in die beiden begründenden Aussagen (1) und (2). Im Kernsatz wird die Gültigkeit der folgenden Aussage behauptet:
(I) »Dem Vaterland wird größerer Dank geschuldet als dem leiblichen Vater.« Obwohl sie im Indikativ formuliert ist, hat diese Aussage norma-

---

42 Karl Büchner, Cicero, Vom Gemeinwesen, Artemis Verl. Zürich, 1952, S. 80.
43 Zum Begriff »Geltungsmodus« vgl. man den Aufsatz von Hans Albert, Wertfreiheit als methodisches Prinzip, besonders Kapitel II. Die Sprache der Wissenschaft und die Sprache der Praxis, in dem Band: Logik der Sozialwissenschaften, S. 183–86. Vgl. ferner: R. M. Hare, Die Sprache der Moral, Frankfurt/M. 1972.

tiven Charakter und gehört in den Bereich der politischen Moral. Eine bestimmte soziale Verhaltensweise, eine moralisch-politische Einstellung wird in diesem Satz gefordert, und diese Erwartungsnorm wird als gerechtfertigt erklärt, wobei dem Indikativ auf textpragmatischer Ebene eine suggestive Funktion zukommt[44].

Die beiden Kausalsätze, die dem Kernsatz vorausgehen, begründen die geforderte Haltung. Die Verwendung von »quoniam« statt »cum« oder »quod« weist darauf hin, daß beide Prämissen weder vom Autor reflektiert noch vom Leser hinterfragt werden sollen, daß sie als selbstverständlich zu gelten haben, weil sie selbstevident sind (quoniam = da ja bekanntlich und eingestandenermaßen). Dadurch werden die beiden kausalen Propositionen von vornherein gegen mögliche Einwände immunisiert. Wir werden sie uns deshalb etwas genauer ansehen.

(1) »Die Patria bietet mehr Wohltaten als der eigene Vater.«

(2) »Die Patria ist älter als der leibliche Vater.«

Beide Sätze enthalten Werturteile im Indikativ. Als Spender von »beneficia« ist die Patria wertvoller (1) und ehrwürdiger (2). »antiquior« ist nicht nur konstatierend, es konnotiert gleichzeitig einen positiven Wertbereich. Priorität der Patria bedeutet »Vorzeitigkeit« und Vorrangigkeit. Emphase in Wortstellung und Rhythmus (et est = und ist tatsächlich ...) stützt auf syntagmatischer Ebene das Konnotat von »antiquior«, suggeriert eine apodiktische Gültigkeit der These.

2.

Die Voraussetzungen und impliziten Vorverständnisse unseres Satzes können nur so aufgefunden werden, daß wir nach den Bedingungen fragen, die seine Formulierung ermöglichten. Fragwürdig ist uns zunächst der Ausdruck »beneficia continet«. Eine rasche und für unsere Zwecke ausreichende Orientierung über die semantische Valenz von »beneficium« bietet das Wörterbuch von Georges. Ihm entnehmen wir folgendes:

Zu »beneficium« gehört zunächst die Uneigennützigkeit, also der Verzicht auf (mögliche) Ausbeutung: »nec si tuam ob causam cuiquam commodes, beneficium illud habendum est sed feneratio«, so Seneca. Ferner gilt: Wer »beneficium« gibt, ist nicht durch »officium« gebunden, denn: »beneficium id est quod quis dedit, cum illi liceret et *non* dare«, wieder nach Seneca. Freiwilligkeit und spontane Großzügigkeit von Seiten des Spenders sind

---

[44] Die psychologische Motivationskraft von Werturteilen und Handlungsanweisungen wird verstärkt, wenn diese als Tatsachenbehauptungen verkleidet sind. Vgl. den Aufsatz von Ernst Topitsch über Begriff und Funktion der Ideologie, in: Topitsch, Sozialphilosophie, Soziologische Texte Band 10, Luchterhand (Neuwied-Berlin) 1966.

charakteristisch für »beneficia«. Unser – modernes – Befremden wird aber gerade ausgelöst von der Vorstellung, daß der Bürger keinen Anspruch auf diese »beneficia« hat; andernfalls wären es »officia«, verpflichtende Leistungen. »Beneficia« sind also Akte souveräner, gnädiger Huld von Seiten der Patria, auf die grundsätzlich kein Anspruch besteht, während für unser politisches Selbstverständnis eine Selbstverpflichtung des Staates zu der von ihm etablierten Rechtsordnung vorliegt.
Während die römischen Magistrate in ihrer potestas an die positive Rechtsordnung gebunden sind und jeder eigenmächtige Übergriff, jedes Überschreiten der Amtsbefugnis, als licentia gilt, könnte man von der Patria sagen: ei licet et *non* dare beneficia. (Ich setze hier voraus, daß die Vokabel »beneficium« in der Zeit zwischen Cicero und Seneca keine wesentliche Änderung ihrer Bedeutung und ihres Anwendungsbereiches erfahren hat). Wenn man von »beneficia patriae« sprechen kann, dann weist uns dieser Ausdruck bereits auf die über-positive, wertbetonte Be deutung des römischen Patria-Begriffes hin. Eine zweite Frage liegt also nahe:
Wer ist diese Patria eigentlich, deren beneficia der Bürger dankbar entgegennehmen soll? Sie ist jedenfalls mehr als eine Abstraktion, mehr auch als eine politische Institution; Institutionen können weder officia noch beneficia erweisen, es sind ja immer bestimmte Menschen, die diese Institutionen verwalten, es sind die Politiker, die den Staat und die Politik human oder sozial oder autoritär gestalten.
Für den Römer ist die Patria das Land der Väter; man leitet dieses Wort von pater über das Adjektiv patrius ab; »patria terra« wird aus Gründen der Sprach- und Sprechökonomie zu »patria« vereinfacht, wobei die affektive Besetzung des Adjektivs, der emphatische Nachdruck, der auf ihm liegt, die Verkürzung des Ausdrucks begünstigt haben mag. Eine enge soziale Gruppenstruktur (pater familias) wird aus sozialpsychologisch und historisch naheliegenden Gründen auf eine größere Gemeinschaft übertragen.
Die Väter als die Sippenhäupter schließen sich zur Gruppe der »patres« zusammen und bilden so eine Art »Urregierung der Väter«. Jeder Vater bringt seine potestas und auctoritas, die er als Sippenoberhaupt besitzt, in den Väterrat. Als Wahrer der Sippentradition koordinieren die Väter die Lebensformen der Gemeinschaft (disciplinae, mores, instituta) und repräsentieren als Väterrat die Patria, das Väter-Land. Vom Standpunkt der Söhne aus sind die Väter »maiores«, die von den Vätern hochgehaltenen Sitten sind die »mores maiorum«; als Normen des gemeinsamen Lebens finden sie in der Patria Rückhalt und überpositive Legitimation zugleich.
Je größer, differenzierter und komplexer aber eine Gemeinschaft wird, umso mehr löst sich der Begriff »patria« von seinem ursprünglichen »Sitz im

Leben«, dem Rat der Sippenväter. Die komplexen Vorverständnisse der wachsenden römischen Zivilisation (Vorverständnisse moralischer, religiöser, sozialer, herrschaftlicher Art) vereinigt schließlich die Patria auf sich. Als hypostasiertes Universalsymbol wird »patria« zum Identifikationsziel des civis Romanus und somit zum Objekt gläubiger Verehrung. Dabei bleibt die ursprüngliche, stark gefühlshafte Bindung an das Land der Väter im Patria-Symbol erhalten, auch wenn die Mehrzahl der römischen Bürger in der späteren Republik nach einem Worte Plutarchs keine einzige Scholle der Vätererde zu eigen hatte. Die emotionale Komponente und damit die Manipulierbarkeit eines Symbols scheint sogar mit dessen inhaltlicher Entleerung zuzunehmen.

Der ausgebildete Patria-Begriff der römischen Literatur erfüllt demnach die Bedingungen, die Ernst Topitsch – im Anschluß und in Weiterführung von Forschungsergebnissen der Ethologie – an ein »plurifunktionales Führungssystem«[45] stellt. Er informiert über einen Realitätsraum (patria = Lebensraum einer sich von anderen Gemeinschaften abgrenzenden Gruppe), er übt eine verhaltenssteuernde Funktion aus (»ans Vaterland, ans teure, schließ' dich an!«), wobei diese Verhaltenssteuerung mit einer spezifischen Gefühlstönung untrennbar verbunden ist (Alternative: Patriot oder vaterlandsloser Geselle; der Affektgehalt des Symbols zielt auf eine sog. »zweiwertige Orientierung«[46]). Der Projektionsvorgang (pater familias → patres → concilium patrum → patria) wird vergessen oder verdrängt, die Patria wird zum primären, vorgegebenen Wert, schließlich wird die »auctoritas patris« als sekundär empfunden und deshalb aus der Patria abgeleitet.

In unserer Cicerostelle beansprucht die Patria als der »Urvater« und universale Wohltäter Priorität vor dem leiblichen Vater. Die Projektion des Vaterbildes auf die Patria hat rückwirkend den Vater entwertet. Aus dem biblischen Gebot, dem sippenmoralischen Grundsatz: »Du sollst Vater und Mutter ehren« ist der Grundsatz einer politischen Moral geworden: Du sollst die Patria mehr ehren und respektieren als den eigenen Vater.

Dieser Glaube an den absoluten Wert der Patria ist bei Cicero so stark, daß sogar das Wort »pater«, der Ausgangspunkt der Projektion, vermieden wird; es wird – sicherlich nicht nur aus Gründen stilistischer Variation – durch »parens« und »is qui creavit« ersetzt. (Kontingenz der Vater-Sohn-Beziehung; der Vater ist *nur* der Erzeuger.)

---

45 Vgl. den Aufsatz: Sprachlogische Probleme der sozialwissenschaftlichen Theoriebildung, Kap. VII S. 33 und 34 in dem Band: Logik der Sozialwissenschaften.
46 Vgl. zu diesem Begriff S. I. Hayakawa, Sprache im Denken und Handeln, Darmstadt 1967, S. 303 ff.

3.

Wir versuchten, einige wichtige Voraussetzungen unseres Satzes zu rekonstruieren und erfaßten dabei ein einfaches Beziehungsmodell, dessen projektive Linie von »pater« über »patres« zum Patria-Symbol führte, dessen reflexive Tendenz die Funktion des Vaters von der Patria her legitimierte und gleichzeitig den Vater insofern entwertete, als ihm nur ein abgeleiteter, sekundärer Wert zukommt.

Nun vermittelt aber unser Satz – um es nochmals zu betonen – keine reine Information über Daten der politischen Wirklichkeit, er drückt vielmehr eine politisch-moralische Wertung aus und enthält eine Handlungsanweisung mit durchaus pragmatischer Tendenz: Der Indikativ »größerer Dank wird geschuldet« hat normativen Charakter: »größerer Dank soll erwiesen werden«. Eine bestimmte politische Grundeinstellung wird durch diesen Satz legitimiert, und die Bürger werden zu dieser »rechten« Auffassung angehalten. Durch die Beweiskraft der beiden unreflektiert bleibenden Prämissen soll ferner ein abweichendes Verhalten als unvernünftig diskreditiert werden und der potentielle »Abweichler« durch die Macht des Wortes zur Konformität gebracht werden.

Nun lesen wir aber am Gymnasium antike Prosatexte durchaus in pragmatischer Absicht, nicht um ihrer selbst willen; diese Texte sollen dem jungen Menschen Einsichten vermitteln und Stellungnahmen auslösen. Dadurch kommt unser unterrichtliches Verhalten den Tendenzen weltanschaulicher Prosatexte entgegen. Andererseits zwingt uns unsere sprachkritische Methode, die antiken Problemlösungen zu durchschauen und die Fragwürdigkeit mancher Konzeptionen zu erkennen. Wir bleiben aber insofern im »humanistischen Zirkel«, als die Wirkungen dieser Texte auf junge Menschen pädagogisch entscheidend sind, auch wenn wir damit rechnen müssen, daß die Einsichten, die wir an diesen Texten gewinnen, infolge der Unzulänglichkeit der Argumentation negativ sind.

Unsere pädagogische Absicht bei der Lektüre einer philosophischen Schrift Ciceros unterscheidet sich also nur graduell, nicht aber prinzipiell vom Anliegen der Semantik und Weltanschauungskritik. Pädagoge und Sprachanalytiker fragen beide nach der Tragweite, nach der Leistungsfähigkeit einer Aussage. Es genügt auch der pädagogischen Philologie nicht, wissend zu verstehen, was der Autor schrieb und dachte; wir wollen wissen, wieso er einen Gedankengang so und nicht anders formulierte, welche logischen und praktischen Konsequenzen oder Inkonsequenzen die Argumente eines Autors haben. Die Frage nach der Leistungsfähigkeit einer Aussage gehört in die Pragmatik der modernen Sprachanalyse; die pragmatische Dimension einer Aussage weist auf ihre pädagogische Relevanz hin.

Wenn wir die Leistung und die Konsequenzen der These Ciceros überprüfen, werden die positiven und negativen Aspekte unseres Satzes sichtbar; sie lassen sich in zwei Punkten zusammenfassen:

1. Die Information, die uns aus den beiden Prämissen des Satzes erreicht, läßt sich zunächst positiv begreifen. Wir werden zwar die Schlußfolgerung (»maior ei debetur gratia«) wegen ihrer gefährlichen ideologischen Implikationen ablehnen; die beiden Kausalsätze aber sind geprägt von einer realistischen Einsicht in das Phänomen der res publica, wie sie für römisches Staatsdenken charakteristisch ist[47]. Denn die Patria, repräsentiert in disciplinae, mores, instituta, leges, existiert tatsächlich vor dem leiblichen Vater des Kindes. Da der Bürger vor dem Gesetz Rechtsperson und Normadressat ist und die bürgerlich-politische Existenz von der res publica konstituiert und garantiert wird, ist Priorität der Patria vor dem Vater – wertfrei betrachtet – ein Faktum der politischen Wirklichkeit. Als Ordnungsgefüge bietet die Patria ferner eine Fülle von »Vergünstigungen« (beneficia), sie schützt und fördert den jungen Menschen durch ihre Institutionen, in unserer Zeit z. B. durch Kindergeld, Gesundheitsfürsorge, Schutzimpfungen, staatliche Kindergärten, Schulen und Universitäten. Schließlich wird der junge Mensch dadurch zum civis, daß er »disciplinae«, die Lebensformen der Gemeinschaft, internalisiert.

2. Problematisch wird unser Satz erst dadurch, daß bestimmte Wertakzente (antiquior; beneficia) mit der Information gegeben sind und daß diese wertbestimmten Prämissen in einen Begründungszusammenhang eingefügt sind, in dem das Patria-Symbol zu einer autonomen Größe wird[48]. Wenn schließlich in der politischen Praxis und Propaganda die Ansprüche der Patria durch Hinweis auf die Gültigkeit dieses Satzes gerechtfertigt werden, dann werden die ideologischen Implikationen dieser Aussage wirksam. Denn in der politischen Wirklichkeit erhebt ja nicht die Patria Ansprüche, sondern die regierenden Politiker im Namen der Patria. Sie übertragen ihre politischen Forderungen auf das Hintergrundsymbol, das für sie Entlastungs- und Rechtfertigungscharakter trägt. Auf die schwierige Frage, wer in politischen Krisenzeiten die Patria würdig vertritt und an welchen Kriterien wir »echte« Patrioten erkennen und sie von den falschen unterscheiden können, ver-

---

[47] Vgl. das für diesen Zusammenhang ungemein aufschlußreiche 4. Kapitel im 6. Buch der »Civitas Dei« Augustins. Der Kirchenvater setzt sich in diesem Kapitel mit der These Varros auseinander »propterea se prius de rebus humanis, de divinis autem postea scripsisse ..., quod prius exstiterint civitates, deinde ab eis haec instituta sint.«

[48] Man kann hier von Prämissen sprechen, obwohl es sich um kausale Vordersätze handelt, denn unser Satz läßt sich ohne weiteres hypothetisch umformen. Dabei wird seine pragmatische Tendenz bes. deutlich; stark vereinfacht läßt sich das so darstellen: Man kann den Hauptsatz als Konklusion aus 2 Prämissen auffassen; Prämisse 1 ist ein hypothetischer Satz (»Wenn die Patria ein größerer Wohltäter ist, dann gilt ihr größerer Dank«); Präm. 2 ist ein singulärer Satz (»Die Patria ist ein größerer Wohltäter«), also ein Werturteil in Verkleidung als Tatsachenaussage; die Konklusion lautet: Also wird ihr größerer Dank geschuldet. –

mag Cicero keine befriedigende Antwort zu geben; »teneamus cursum qui semper fuit optimi cuiusque« erinnert auch kritische Primaner allzusehr an politische Wahlplakate. Das Beibehalten des Kurses liegt ja immer im Interesse des jeweiligen Steuermannes, und die regierende Partei nennt sich allzu gern »optimi« oder »optimates«, denn welche Partei hält sich nicht für die beste? So erweist sich dieser Hortativ: »teneamus . . .« infolge seiner inhaltlichen Unbestimmtheit als eine pseudonormative Leerformel, als eine unechte Handlungsanweisung. Ob in bestimmten geschichtlichen Situationen die Gracchen oder die Optimatenpartei, ob die Revolution oder die Restauration, ob die Résistance oder das herrschende totalitäre Regime die Patria repräsentieren, wäre die entscheidende Frage einer politischen Moral. Sie kann sicher nicht von denen beantwortet werden, deren politisches Schicksal mit einem bestimmten »cursus« verbunden ist.

4.

Wie sehr dieser überhöhte Vaterlandsbegriff für Ciceros Staatsdenken charakteristisch ist, zeigt De rep. I, 4/7; dort, in der Vorrede zu seinem Werk, gibt Cicero in einer stilistisch und rhythmisch meisterhaft geformten Periode seiner Lebensentscheidung für die res publica und seinem freiwilligen Verzicht auf das intellektuelle Otium des Staatsdenkers und Philosophen die moralisch-politische Weihe[49]: Die Patria hat uns gezeugt und erzogen, aber nicht für ein Dankeschön (»gratis«); sie erwartet dafür »alimenta«, präsentiert uns also die Rechnung. Nicht selbstlos hat uns die Patria hervorgebracht, sondern mit der Absicht, den größten Teil unserer moralischen, intellektuellen und praktischen Existenz als Pfand zu beanspruchen, sich auszubedingen, »ad utilitatem suam«; nur was sie entbehren kann, was also für sie wertlos ist, bleibt übrig »in nostrum privatum usum«[50].

Mit diesem Bekenntnis rechtfertigt Cicero seine politische Lebensform. Die patriarchalische Interpretation des »Über-Vaters« (oder der »Über-Eltern«, da patria sich nicht nur von pater herleitet, sondern feminini generis ist),

---

49 Zu dieser Stelle bemerkt der gründliche und – wenn man von der humanistischen Emphase absieht – sehr nützliche Schulkommentar zu Ciceros De rep. von K. Atzert (Aschendorffs Klassikerausgaben) S. 16: »Hier holt C. aus dem Schatzkammern der Sprache das edelste Gold heraus, um die totale Hingabe an das Vaterland als Erfüllung menschlichen Daseins zu erweisen.« – Der Kommentator hat sich unkritisch der Faszination des Textes hingegeben und in seinem hermeneutischen Engagement die pragmatische Dimension dieses Textes vernachlässigt. Es fehlt jeder Hinweis auf die Problematik einer solchen »Totalhingabe«. Vor 30 Jahren war diese Art der »Exegese« ganz im Sinne derer, die den altsprachlichen Unterricht ideologisch mißbrauchten.
50 Das Verhältnis unserer Stelle zum platonischen Kriton (Kap. 12 und 13) verdient eine eigene Untersuchung.

ist an dieser Stelle konsequent durchgeführt[51]: Wie ein gestrenger Herr und Vater frönt (»serviens«) die Patria nicht unseren Wünschen, d. h. sie verwöhnt uns nicht und bietet uns auch nicht in erster Linie Beschaulichkeit und Glück. Die Patria ist also nicht für uns da, sondern wir sind für die Patria da.

5.

Die beiden angeführten Cicerostellen formulieren in der Sprache römisch-patriarchalischen Wertdenkens einen Grundsatz des politisch-moralischen Holismus, daß das Ganze mehr sei als die Summe seiner Teile. Dieser Grundsatz begegnet uns in den verschiedensten Umformungen und Verkleidungen. An unseren beiden Stellen hat er die Form: Du bist um des Ganzen willen geboren, nicht das Ganze um deinetwillen. Da sich die Herrschenden jeweils mit diesem Ganzen identifizieren, wird in der politischen Wirklichkeit die Kritik an den Herrschern als Kritik am Ganzen (Patria, Staat, Volksgemeinschaft usw.) ausgelegt und die Kritiker dementsprechend behandelt. Diese herrschaftsstabilisierende Funktion des politischen Holismus wird durch die patriarchalische Werttönung noch erhöht.
Eine andere Ausprägung desselben Grundsatzes lautet: Das Wohl der Teile beruht auf dem Wohl des Ganzen. Diese Maxime dient Kreon in der Antigone des Sophokles zur Rechtfertigung seiner inhumanen Staatsraison (Ant. 188 ff.). Der einzelne, vom Standpunkt einer individualistischen Moral aus inhumane Staatsakt gilt von einer höheren Ebene aus, die von gewöhnlichen Menschen nicht erreicht werden kann, als gerechtfertigt und notwendig um seiner staatserhaltenden Funktion willen.
Auch Perikles benutzt diese Denkform in seiner großen Rechtfertigungsrede (Thukydides, 2. Buch Kap. 60). Die Absicht, die der Staatsmann mit dieser Rede verfolgt, wird von Thukydides klar herausgestellt: Er will die Athener ermutigen und ihre zornige Empörung gegen ihn abbauen (ἀπάγειν), sie milder, gelassener und furchtloser stimmen. Daß seine Argumentationsweise den Zweck hat, die Volksstimmung im Sinne der perikleischen Politik zu manipulieren, sagt Thukydides deutlich am Ende

---

51 Zur patriarchalischen Herkunft der Herrschaftsstruktur vgl. W. Daim, Die kastenlose Gesellschaft, München '60, bes. das Kap. »Die infantilen Wurzeln des Kastengeistes; Dual- und Hierarchiestrukturen« S. 226 ff. Daim faßt die Kinder-Eltern-Relation als elementare Herrschaftsstruktur in folgendem Schema zusammen:

	Vater	Kind
	überlegen	unterlegen
Sakralwertung:	sakrosankt	unheilig
Herrschaftswertung:	Herr	Knecht
Freiheitswertung:	frei	unfrei
Ekelschranke:	rein	unrein
Vermögensschranke:	besitzend	besitzlos
Herkunftsschranke:	immer schon da	erst begonnen
Bildungsschranke:	gescheit	dumm
Kraftwertung:	kräftig	schwach
Moralitätswertung:	gut	böse
Mengenbewertung:	wenige – oben	viele – unten

der Rede (Kap. 65): Perikles versuchte mit seiner Rede, sie in ihrem Denken (τὴν γνώμην) von den gegenwärtigen Gefahren abzulenken, was wieder durch ἀπάγειν ausgedrückt wird. Außerdem finden sich die Bürger mit dem Verlust ihrer Güter und dem Tod ihrer Angehörigen leichter ab, wenn dieser Verlust durch den Glauben an das Wohl des Ganzen kompensiert werden kann.

Weniger kategorisch und in ihrem Ethos humaner ist die platonische Formulierung, die Cicero, De off. I 7 22, verwendet: »Quoniam ... non nobis solum nati sumus ortusque nostri partem patria vindicat, partem amici...« Die Platonstelle, auf die Cicero Bezug nimmt ohne sie vollständig zu zitieren, lautet (8. Brief, 358 a): ἀλλὰ κἀκεῖνο δεῖ σε ἐνθυμεῖσθαι, ὅτι ἕκαστος ἡμῶν οὐχ ἑαυτῷ μόνον γέγονεν, ἀλλὰ τῆς γενέσεως ἡμῶν τὸ μέν τι ἡ πατρὶς μερίζεται, τὸ δέ τι οἱ γεννήσαντες, τὸ δὲ οἱ λοιποὶ φίλοι, πολλὰ δὲ καὶ τοῖς καιροῖς δίδοται τοῖς τὸν βίον ἡμῶν καταλαμβάνουσι.

»Einen Teil unserer Existenz (ortus = γένεσις) beansprucht die Patria, einen Teil die Eltern, einen Teil die Freunde, einen Teil die Situationen, die in unser Leben gestaltend eingreifen.« Die Gültigkeit menschlicher Ansprüche wird hier ausdrücklich konstatiert, allerdings entspricht die Reihenfolge der Anspruch erhebenden Instanzen einer vorgegebenen Wertskala (Vaterland, Eltern, Freunde, Situationen).

Klassische Ausprägung hat der konsequente politisch-moralische Holismus in Platons politischen Hauptwerken, in der Politeia und den Nomoi, gefunden; auf diese Werke einzugehen, würde den Rahmen dieser Skizze sprengen. Die angeführten Stellen sollen zeigen, wie eine kritische Auseinandersetzung mit diesen politischen Denkformen im Rahmen der Schullektüre möglich ist.

6.

In der politischen Praxis wird der Anspruch der Patria vor allem in der Form des »pro patria pugnare« erhoben; letzte Konsequenz dieses Anspruches ist das »pro patria mori«.

Um den Komplex »pro patria« noch andeutend zu erhellen, soll eine Erfahrung aus dem Lateinunterricht in Sexta mitgeteilt und weitergeführt werden. Zugleich soll an diesen einfachen Beispielen auf den Zusammenhang zwischen Spracherziehung und Schulung eines sprachkritischen Bewußtseins hingewiesen werden.

Unsere kleinen Lateinschüler müssen bereits nach einem Jahr unterscheiden können zwischen
    ante nonnullos dies (zeitlich)
    prae metu (vom hindernden Grund) und
    pro castris pugnare (zunächst lokal).
Wenn wir die in den einzelnen Lektionen vorkommenden Beispiele nach

dem Grad ihrer Anschaulichkeit gruppieren, so ergibt sich folgende Reihenfolge:
1. pro castris valloque pugnare
2. pro aris focisque pugnare
3. pro liberis et feminis pugnare
4. pro patria pugnare.

An einfachen Beispielen dieser Art machen bereits die kleinen Lateiner erste semantische Erfahrungen. Wir verlassen im Deutschen bereits beim 2. und 3. Beispiel die Anschaulichkeit des lokalen »vor« und verwenden das unanschauliche, aber symbolkräftige »für«, während der Römer sich sogar »vor« das Vaterland stellt und durch die lokale und objektbezogene Präposition »pro« die konkrete Gegenwärtigkeit der Patria zum Ausdruck bringt. So verdeckt das lateinische »pro« eine Differenzierung des Realitätsbezugs, die uns im Deutschen durch die Alternative »vor« oder »für« gegeben ist. Im 2. und 3. Beispielsatz wird die Ambivalenz der lateinischen Präposition fühlbar, denn im allgemeinen wird der Kämpfer nicht unmittelbar vor den Altären oder dem häuslichen Herd, auch nicht vor Frauen und Kindern stehen, um sie zu schützen; Altäre, Frauen und Kinder stehen freilich im Hintergrund seines Bewußtseins, sie sind in der Kriegssituation intentionale Steigerungssymbole, die den Kampfgeist emotional erhöhen sollen. Diese Hintergrundsymbole müssen immer wieder in das Bewußtsein der Kämpfenden gehoben werden, durch Ermunterungen und Feldherrnreden, damit der Soldat nicht vergißt, »worum es in diesem Kampfe geht«. Gallier kämpften noch unmittelbar vor ihren Wagenburgen, *pro* feminis, von den Frauen im Hintergrund angespornt. Römische Legionäre und überhaupt organisierte Heere etablierter Staaten bedürfen dagegen einer indirekten Steigerung ihrer Kampfmoral durch werthafte Hintergrundsymbole, die in konzentrierter und abgekürzter Form den Sinn und Wert ihres Kampfes motivieren. Patria als Universalsymbol schließt all die genannten »Hintergrundwerte« ein: liberi, feminae, arae, foci. Wer aber die Patria uneingeschränkt bejaht, wer »pro patria pugnare« unreflektiert bereit ist, der bejaht mit dieser Bereitschaft die bestehende politische Macht, die sich dieses Steigerungssymbols bewußt bedient, und somit die Tendenzen einer bestimmten Politik, in deren Dienst er »pro patria« kämpfen und töten soll[52].

52 Eine Beobachtung zum vielzitierten und angefochtenen Vers des Horaz: »Dulce et decorum est pro patria mori« scheint mitteilenswert. Bei seinem griechischen Vorbild ‚Tyrtaios, steht die normativ-protreptische These: Τεθνάμεναι γὰρ καλὸν ἐνὶ προμάχοισι πεσόντα ἄνδρ' ἀγαθὸν περὶ ᾗ πατρίδι μαρνάμενον in Kontrast zu einer sehr real-realistischen Alternative (Verlust der Heimat, Vertriebenenschicksal; Greise, Kinder und Frauen der Willkür erbarmungsloser Feinde ausgeliefert). Diese Gnome hebt sich also ab von einem bedrohlichen Erfahrungshintergrund. Das Gnomische scheint hier – wie in der griechischen Tragödie – Resultat einer bitteren Erfahrung zu sein (πάθει μάθος). Dieser Realitätsbezug ist bei dem frühgriechischen Dichter noch sichtbar und grundlegend für die Gnome. »Dulce et decorum est« dagegen scheint auf ideologischem Niveau formuliert zu sein: Die Sentenz wird nicht durch existentielle Erfahrung motiviert, sondern durch weitere Gnomen: »Mors et fugacem persequitur virum ...«

Je nach der psychologischen Kondition seiner Truppe und ihrer situationsabhängigen Ansprechbarkeit manipuliert der Imperator die verschiedenen Steigerungssymbole; so erinnert er einmal an den Legionsadler, der verloren ging, an die gefallenen Kameraden, an Frauen und Kinder in der Heimat; schließlich greift er zum letzten, umfassenden Symbol militärischer Mahnrede: Er appelliert an das Ganze das auf dem Spiele steht, an die Patria, für die es zu kämpfen und zu sterben gilt[53].

Daß man bereits im Altertum fähig und bereit war, den ideologischen Charakter des Appells »pro patria pugnare/mori« zu durchschauen, zeigt die eindrucksvolle Rede des Tiberius Gracchus in Plutarchs Graccchusvita Kap. IX.

Das Volk umlagert die Rednerbühne, Gracchus erhebt sich und spricht: Proletarier und Obdachlose kämpfen für Italien; die Feldherrn belügen die Soldaten, wenn sie diese ermahnen, »pro fanis ac sepulchris pugnare«, denn sie haben keinen Hausaltar, sie haben auch kein Ahnengrab, in Wirklichkeit kämpfen und sterben sie für fremden Luxus und fremden Reichtum.

Gracchus sieht deutlich die Absurdität ihres ideologisch verbrämten Kämpfens und Sterbens: »Herren des Erdkreises werden sie genannt, aber nicht einmal eine einzige Scholle nennen sie ihr eigen.«

(ὁ γὰρ Τιβέριος) δεινὸς ἦν καὶ ἄμαχος, ὁπότε, τοῦ δήμου τῷ βήματι περικεχυμένου, καταστὰς λέγοι περὶ τῶν πενήτων, ὡς τὰ μὲν θηρία τὰ τὴν Ἰταλίαν νεμόμενα καὶ φωλεὸν ἔχει καὶ κοιταῖόν ἐστιν αὐτῶν ἑκάστῳ καὶ καταδύσεις, τοῖς δ' ὑπὲρ τῆς Ἰταλίας μαχομένοις καὶ ἀποθνήσκουσιν ἀέρος καὶ φωτός, ἄλλου δὲ οὐδενὸς μέτεστιν, ἀλλ' ἄοικοι καὶ ἀνίδρυτοι μετὰ τέκνων πλανῶνται καὶ γυναικῶν, οἱ δὲ αὐτοκράτορες ψεύδονται τοὺς στρατιώτας ἐν ταῖς μάχαις παρακαλοῦντες ὑπὲρ τάφων καὶ ἱερῶν ἀμύνεσθαι τοὺς πολεμίους· οὐδενὶ γὰρ ἐστιν οὐ βωμὸς πατρῷος, οὐκ ἠρίον προγονικὸν τῶν τοσούτων Ῥωμαίων, ἀλλ' ὑπὲρ ἀλλοτρίας τρυφῆς καὶ πλούτου πολεμοῦσι καὶ ἀποθνήσκουσι· κύριοι τῆς οἰκουμένης εἶναι λεγόμενοι, μίαν δὲ βῶλον ἰδίαν οὐκ ἔχοντες.

---

53 Aufschlußreich ist das Schlußwort des Nikias in seiner Rede vor der letzten entscheidenden Seeschlacht, Thukyd. VII 64 2. Die Soldaten sollen folgendes bedenken, und zwar »jeder einzelne wie insgesamt: Die von uns jetzt auf den Schiffen sein werden, die stellen für die Athener Landmacht und Flotte dar und die übrige Polis und den großen Namen Athens. Wenn einer – für diese Güter sich einsetzend – den andern an Geschick und Heldenmut überragt, dann wird er bei keiner anderen Gelegenheit *mehr* zu seinem eigenen Nutzen und zur Rettung des Ganzen beitragen.« – Die rhetorische Klimax ist Ausdruck der umfassender werdenden Symbole; mit wachsender »Abstraktion« der Hintergrundwerte erhöht sich aber deren emotionaler Gehalt: πεζοί→ναῦς→πόλις→μέγα ὄνομα. Da nach den Worten des Feldherrn der eigene Nutzen mit der Rettung des Ganzen zusammenfällt, werden sich die Soldaten mit diesen Steigerungssymbolen umso eher identifizieren können; in ihrem Kampf für das Ganze geht es ja für sie persönlich um das Ganze.
μέγα ὄνομα (nomen Romanum bei Tacitus!) entspricht dem »pro patria« in den anderen Zitaten. Je vager der Realitätsbezug (μέγα ὄνομα), je größer die Realdistanz (Polis), umso intensiver der Gefühlsgehalt und die manipulatorische Kraft des Symbols.

II.

Untersuchung der stoischen These, daß die Welt um des Menschen willen existiere

Cicero, De nat. deor. Buch II Kap. LXII § 154–59

1. Gliederung des Gedankengangs
A. These: Der Kosmos ist um der Götter und Menschen willen geschaffen (factus est).
   Unterthese: Zweckbestimmung des Kosmos ist die Nutznießung durch den Menschen (ad fructum).
B. Begründung: Die Welt ist gemeinsames Haus / gemeinsame Stadt der Götter und Menschen.
   a) Begründung des Zusatzes »et hominum«: Nur Götter und Menschen besitzen »ratio«, leben infolgedessen »iure ac lege«.
C. Analogieschluß: Athen ist um der Athener willen, Sparta um der Spartaner willen gegründet. Also gilt:
   1. Städte gehören ihren Bewohnern. Allgemein gilt:
   2. Was um meinetwillen geschaffen ist, gehört mir zur Nutzung.
   3. In Durchführung der Analogie gilt: Da die Welt um der Götter und Menschen willen geschaffen wurde, hat sie als das Eigentum der Götter und Menschen zu gelten (putanda sunt).
D. Weitere Beweisgänge für die Ausgangsthese (Detaillierung).
   Beispiel I:
   1. Sternbahnen haben eine doppelte Funktion:
      a) sie konstituieren auch (etiam, d. h. unter anderem) den Zusammenhang der Welt (mundi cohaerentiam);
      b) sie bieten dem Gesichtssinn ein erhaben-schönes und nützliches Schauspiel (spectaculum); der Nutzen besteht in der Zeitmessung durch Kenntnis der Sternbewegungen.
   2. Schlußfolgerung: Wenn die Sternbahnen dem Menschen allein bekannt sind, dann sind die Sterne um des Menschen willen geschaffen.
   Beispiel II:
   1. Problem: Wachsen die Früchte des Feldes um der Menschen oder um der Tiere willen? (Die rhetorische Frage suggeriert, daß sich die Antwort von selbst versteht).
   2. Begründung: Tiere haben keine Kenntnis des Ackerbaus (vgl. auch Punkt D 2).
   3. Schlußfolgerung: Wenn also der Ackerbau dem Menschen allein bekannt ist, dann gehören die Feldfrüchte dem Menschen. (NB: Nur an die vom Menschen kultivierte Natur wird dabei gedacht; die sog.

»wilde« Natur gilt demnach als ein Bereich, der durch Zivilisation überwunden werden soll).
E. Analogieschluß (technomorph):
1. Musikinstrumente sind für diejenigen angefertigt, die sie benutzen können.
2. Wenn Tiere rauben und stehlen (NB: anthropomorphes Werturteil), dann können die Früchte nicht ihretwegen gewachsen sein.
3. Die Menschen bergen die Feldfrüchte nicht wegen der Mäuse und Ameisen, sondern für ihre Familienangehörigen.
4. Als Herren der Vegetation genießen die Menschen »palam et libere« die Feldfrüchte, während die Tiere sie heimlich-verstohlen (furtim) und mit schlechtem Gewissen rauben.

Beispiel III.
Auch die Tiere sind geschaffen, damit der Mensch sie benutzt (hominum causa generatae): §§ 158 ff.

2. Die Struktur des Gedankenganges und seine Implikationen

Der Gedankengang läßt sich als Entfaltung zweier grundlegender Sätze verstehen, die ich Axiome nenne. Unter »Axiom« verstehe ich in diesem Zusammenhang jede elementare, nicht weiter analysierbare semantische Einheit eines Aussagezusammenhanges, die sich auf keine Instanz weiter zurückführen läßt, also durch Setzung gilt. Das Axiom wird in einem Reduktionsverfahren aus den erweiterten Aussagen gewonnen, die als seine Explikationen dargestellt werden können. Axiom I unseres Textes lautet:

I. Mundus factus est.

»Mundus factus est« ist eine sinnvolle Aussage, die freilich weder empirisch überprüfbar noch widerlegbar ist. Es handelt sich um eine synthetische Aussage a priori, also um einen metaphysischen Satz. Vereinfachend kann man sagen, daß metaphysische Sätze Glaubenssätze sind. Wenn ich Axiom I setze, d. h. bekennend einführe, dann haben seine Konsequenzen und Ableitungen logische Stringenz; allerdings läßt sich das Axiom durch seine Implikationen nicht rechtfertigen; Alternativen zu unserem synthetischen Satz sind denkbar und formulierbar. So läßt sich der betreffende Wirklichkeitsbefund auch in folgender Form beschreiben: ὁ κόσμος ὑπάρχει. Die Struktur der lateinischen Sprache führt und verführt dazu, τὰ γενόμενα als Gemachtes zu beschreiben. Die beiden potentiellen syntaktischen Bindungen[54] der Form »factus est«, die für unseren Kontext wichtig sind,

---

54 Bei einer sprachlogischen Untersuchung müssen auch die nicht aktualisierten Leerstellen einer syntaktischen Struktur berücksichtigt werden. Zum Problem der Überprüfung der sprachlich bedingten Hintergründe des Denkens vgl. man das faszinierende Büchlein von B. L. Whorf, Sprache, Denken, Wirklichkeit, rde Nr. 174 1963 und die Aufsätze zum Problem des Strukturalismus im Kursbuch 5 1966 (Zur Kritik der sog. Sapir-Whorf-Hypothese vgl. dort den Aufsatz von M. Bierwisch S. 135 ff.)

lauten: ab aliquo und ad aliquid. Die Aussage »mundus factus est« enthält also implizit bereits zwei deutende Vorentscheidungen über den »Befund« hinaus, die von der Sprachstruktur suggeriert werden: Alles Gewordene ist als Gemachtes konzipiert; was gemacht ist, wurde von einem handelnden Subjekt geschaffen; Produktion und (oder) Kreation setzen aber vernünftige Planung voraus, sind somit zweckgerichtet (intentional; teleologisch).

Demnach enthält Axiom I folgende Implikationen:

Ia) Wenn die Welt »gemacht« ist, dann ist sie von jemandem gemacht, also gibt es – und zwar bereits durch die einfache Setzung »mundus factus est« – entweder einen Weltenschöpfer (creatio ex nihilo) oder einen Weltenbaumeister (Demiurgos), der eine »rudis indigestaque moles« zum Kosmos formte. Der Analogiebeweis C zeigt uns, daß die letztere Auffassung vorliegt

Ib) Wenn die Welt gemacht ist, wenn sie das Werk eines großen, souverän gestaltenden Weltenbaumeisters ist, dann ist sie intentional konstruiert; sie ist für jemanden und auf jemanden zu entwerfen.

Beide Implikationen sind sprachlogische Konsequenzen des Elementarsatzes I, sie bringen also praktisch keine über I hinausgehende Erweiterung unserer Erkenntnis, sondern sind lediglich sprachlogische Ableitungen.

Das Axiom I, das unserer These A zugrundeliegt, impliziert also die Existenz von Weltenarchitekten und von zweckgerichteter, sinnvoller Weltenkonstruktion.

Die ausführliche Form unserer These A würde demnach lauten: *»Mundus a deis deorum et hominum causa factus est.«* Dabei stört den modernen Leser vor allem die Art, wie die Beteiligung des Menschen durch den naiv-hochmütigen Zusatz sozusagen erschlichen wird. Durch »et« werden in absichtsvoll-absichtsloser Selbstverständlichkeit Götter und Menschen auf eine Stufe gestellt. Der Analogiebeweis C hilft zum Verständnis weiter; der Sprecher greift auf elementare Analogien zurück: die Welt als Haus, als sinnvoll konstruiertes Bauwerk (– Überwiegen der technomorphen Komponente –) und die Welt als Polis (– Überwiegen der soziomorphen Komponente –). Haus und Stadt sind sinnvoll eingerichtet für ihre Bewohner, für in sich geschlossene soziale Gruppen: Familie (Sippe) auf der einen, Bürgerschaft (civitas) auf der anderen Seite. Die Analogie Haus/Stadt[55] gilt aber dem Sprecher nicht als allenfalls erklärende und somit instruktive Modellvorstellung, sondern als Wesensaussage über die

---

55 Zur Welt als Haus oder Stadt vgl. Ernst Topitsch, Vom Ursprung und Ende der Metaphysik, Wien 1958 passim, bes. das Kapitel Grundformen des Denkens im Mythos S. 5–32; Mircea Eliade, Kosmos und Geschichte, rde 260, 1966, bes. I 2. Himmlische Archetypen von Ländern, Tempeln und Städten S. 11 ff.

Struktur der Welt: Die Welt *ist* ein Haus, *ist* eine Stadt[56]. Andernfalls könnte auch nicht die wichtige Folgerung gezogen werden: Als Weltenbaumeister haben die Götter das Weltengebäude nicht für sich allein gebaut, sondern für eigens dafür vorgesehene Bewohner; Häuser werden nicht nur für Architekten, Städte nicht nur für Städtebaumeister geplant. Der Zusatz »hominumque causa« ist also insofern konsequent, als göttliche Architekten die Welt unter anderem für ihre menschlichen Bewohner konzipiert haben; der Bauherr dachte bereits an die späteren Mieter. Freilich beschränkt sich die Beziehung zwischen Göttern und Menschen nicht auf die architektonische Leistung der einen und die Bewohnung der Welt durch die andere Interessengruppe; »hominum causa« wird weitergeführt durch »communis deorum atque hominum domus aut urbs utrorumque«. Beide, Architekten und Mieter, leben in Wohngemeinschaft; Wohngemeinschaft bedeutet aber für den antiken Menschen Lebensgemeinschaft. Diese »communitas« beruht auf einem gemeinsamen Besitz: »Soli enim ratione utentes iure ac lege vivunt.« Die Leistung der Vernunft ist es, Recht und Gesetz zu etablieren. Demnach ist beiden Gruppen von Logos-Besitzern, Göttern wie Menschen, die vernunftgemäße Gestaltung der Wirklichkeit aufgegeben: Vernunftgebrauch schafft Ordnung. Die Vernunft hat nach dieser Auffassung also primär eine gesellschaftsstabilisierende und juridische Funktion. So kommt zu Axiom I ein zweiter elementarer Satz unseres Beweisganges:

II. Dei et homines ratione utuntur.

Diese Aussage läßt sich weiter reduzieren auf die Form: Götter und Menschen sind Logos-Träger.
Dieser Elementarsatz präsupponiert folgende Sachverhalte[57]:

1. Götter und Menschen sind allein vernunftbegabt;
2. Götter und Menschen wirken und leben allein vernünftig;
3. Vernunftbesitz schließt Götter und Menschen zu einer engen Gemeinschaft zusammen.

Unsere Ausgangsthese (– die Welt ist um der Götter und Menschen willen geschaffen; Vernunftgebrauch schließt beide zusammen –) wird an zwei Beispielen weitergeführt und detailliert.
Beispiel I: Der Mensch kennt die Sternbahnen.

---

56 Nach einem Ausdruck Kelsens also Verwechslung eines Erkenntnismittels (hier besser: Erklärungsmittels) mit einem Erkenntnisgegenstand, oder nach einer Formulierung von Ludwig Marcuse: Verwechslung einer Hypothese mit einer Hypostase.
57 Zum Begriff der Präsupposition (Satzvoraussetzung) als der Kontextbedingung eines Satzes vgl. man George Lakoff, Linguistik und natürliche Logik, herausgeg. von W. Abraham, Athenäum Verlag Frankfurt/M. 1971, S. 38 ff.

Die naive Anthropozentrik des Stoikers wird an zwei bezeichnenden Einstellungen deutlich[58]:

a) Die Sternbewegungen tragen auch »ad cohaerentiam mundi« bei. Der Beitrag der Sterne zur Statik des Weltgebäudes erscheint als Nebenwirkung (sekundäre Bedeutung der kosmischen Stabilisierungsfunktion). Die Hauptleistung der Sterne findet in den beiden Verben »delectare« und »prodesse« Ausdruck:

delectare: Der Sternenkosmos, als das große Welttheater, bietet ein erhaben-schönes Schauspiel.

prodesse: Die Sternbewegungen ermöglichen die menschliche Zeitmessung. Als Himmelsuhr und Himmelskompaß erfüllen sie wichtige Orientierungsfunktionen für den Menschen. In beiden Auffassungen drückt sich eine Mentalität aus, wie sie für frühe Kosmologien charakteristisch ist: Kosmische Erscheinungen sind insofern wichtig, als sie emotional-ästhetisch befriedigen (delectare) und einen praktischen Nutzen bieten (prodesse)[59]. Über die dritte Funktion einer mythischen Kosmosspekulation, nämlich ethisch-politische Handlungsanweisungen zu geben und vor allem zu legitimieren, wird im weiteren noch zu sprechen sein, wenn wir auf das »Somnium Scipionis« (»dem Staatsmann steht der Himmel offen«) und den autokinetischen Seelenbeweis (»regelmäßige, also astrale Bewegung ist schöne Bewegung«) zurückkommen.

b) Eine naiv-realistische Auffassung von der Funktion der Erkenntnis ist ferner für diese Denkweise bezeichnend: Wenn der Mensch Sternbahnen berechnen kann, dann sind die Sterne für ihn da. Diese Aussage hat folgende Voraussetzungen:

1. Der Mensch besitzt ratio.
2. Wenn ich etwas erkenne, dann kann ich es benützen.
3. Wenn ich etwas zu benützen weiß, dann ist es für mich da.

Eine elementare Form des Weltverständnisses wird hier sichtbar: Was der Mensch von seiner Umwelt be-greifen kann, das ist er auch berechtigt zu er-greifen, um es zu benützen. Begreifen ist die erste Stufe einer Besitzergreifung der Welt. (Greifen → begreifen → besitzen ist eine anthropologische Klimax). Das haptische Moment im Akt des verstehenden Ergreifens ist ontogenetisch (beim Kleinkind) der Beob-

---

58 Über den Ethnozentrismus (Koinzidenz von Weltzentrum und Wir-Gruppe) naiver Weltbilder vgl. den Aufsatz von Mühlmann: Erfahrung und Denken in der Sicht des Kulturanthropologen, in: Kulturanthropologie S. 154ff.
59 Vgl. Topitsch, Vom Ursprung u. Ende der Metaphysik, S. 280ff; ders. in: Soziologische Texte Band 10 (Sozialphilosophie) S. 219ff. Topitsch spricht von empirisch-pragmatischer, ethisch-politischer und ästhetisch-kontemplativer Funktion mythischer Kosmologien.

achtung unmittelbar zugänglich und kann phylogenetisch aus der Werkzeugbearbeitung des Frühmenschen erschlossen werden.

Nun sind aber Sterne dem unmittelbaren menschlichen Zugriff entzogen; all unsere Beobachtungen und Berechnungen verändern die Bahnen der Himmelskörper in keiner Weise. Trotzdem behandelt der Sprecher die Sterne so, als ob sie uns zu Diensten stünden. »Spectaculum utile« hilft uns hier zum Verständnis weiter. So wie ein Schauspiel für die mimisch und dramaturgisch inaktiven Zuschauer aufgeführt wird, deren Leistung im Verstehen des Stückes, in der Sinnerfassung des Handlungsablaufes sich erschöpft, so wird das große Welttheater für die Menschen aufgeführt, zu ihrem Nutzen und Frommen, wobei die menschliche Leistung sich auf Beobachten und Begreifen der von den Göttern inszenierten Werke beschränkt. Beide – Theaterbesucher und Erdenbewohner – haben aber keine Möglichkeit, in den Handlungsverlauf des »spectaculum« einzugreifen; zum Trost können sich beide sagen, daß dieses Schauspiel ihretwegen aufgeführt wird. Der Vers aus der Ars poetica des Horaz: »Aut prodesse volunt aut delectare poetae« liest sich wie eine Erläuterung unserer Cicerostelle, wenn man ihn auf den göttlichen Architekten überträgt. Von diesem Künstler-Gott sagt ein alter Spruch, der in unseren griechischen Übungsbüchern tradiert wird: τί κάλλιστον; κόσμος· ποίημα γὰρ θεοῦ.[60]

Im ersten Beispiel wird aus der menschlichen Fähigkeit zu astraler Kontemplation und astronomischer Berechnung geschlossen, daß die Sterne für den Menschen da seien, um seinen kontemplativen und praktischen Interessen zu dienen.

Im zweiten Beispiel wird in ähnlicher Weise anthropozentrisch argumentiert. Aus der Fähigkeit, »agricultura« mit Sachverstand zu betreiben, leitet sich ein menschliches Eigentumsrecht an der Natur her. Wissen bedeutet nicht nur Macht, sondern es berechtigt den Menschen dazu, diese Macht auszuüben. Ein technomorphes Modell erläutert diesen Anspruch. Die Flöte ist für den da, der sie spielen kann; so ist (potentielles Kultur-)Land für denjenigen da, der es kultivieren kann. Daß dieser Schluß tautologischer Art ist, braucht nicht erst gezeigt zu werden. So wie das Holz nur den Rohstoff für die Flöte darstellt, so wird die Naturlandschaft zum Ausgangsprodukt und Rohmaterial menschlicher Kultivierung. Holz und Boden sind die rangniederen Mittel zu höheren Zwecken, um derenwillen sie existieren, auf die hin sie – vom Gesichtspunkt des Benutzers aus – angelegt sind.

---

60 Dieser einfache Spruch ist übrigens Musterbeispiel eines Werturteils in Form eines Zirkelschlusses. Die Antwort ist eine Implikation der Frage (Tautologie): Das Schönste ist der Kosmos, weil der Kosmos als das Kunstwerk Gottes das Schönste ist.

In dieser auf menschliche Bedürfnisse zugeschnittenen »Natur« herrscht der Mensch souverän[61]. Unser Sprecher erläutert das an dem unterschiedlichen Verhältnis und Verhalten von Mensch und Tier zu den Feldfrüchten. Dabei machen die Tiere eine denkbar unglückliche Figur. Denn Ausgangspunkt ist wieder nicht die wilde, ursprüngliche Landschaft, sondern die kultivierte Natur (Nutzpflanzungen, Gärten). Allerdings ist die Schlußfolgerung wiederum tautologischer Art: Ackerbau berechtigt zur Nutzung der Feldfrüchte – wer wollte das eigentlich bestreiten? – Die Konsequenz dieses Satzes aber lautet: Bebautes Land ist Eigentum. Der Eigentumsbegriff, der dieser Auffassung zugrunde liegt, läßt sich so formulieren: Aneignung durch den, der zu benutzen weiß, schafft Eigentum. Das Verhalten der Tiere, die in die menschlichen Pflanzungen eindringen, wird demgemäß moralisch gewertet, gilt als Raub und Diebstahl. Tiere haben das schlechte Gewissen von Einbrechern (furtim) neben dem stolzen und selbstbewußten patronus (palam). Als Eindringlinge verstoßen sie gegen eine moralische Weltordnung, um die sie in irgendeiner Form wissen müssen, wenn sie sich schuldbewußt verhalten.

Die Thesen unseres Textes umfassen ein Kulturprogramm, das den Menschen in den Mittelpunkt stellt. Um ihn herum gruppiert und arrangiert sich die Welt der Dinge. Der Wirklichkeit wird ein Stellenwert zugewiesen, dessen Maßstab der Mensch ist, insofern er die Welt zu benutzen weiß. Im stolzen Bewußtsein, mit den Göttern die Vernunft gemeinsam zu besitzen und letztlich auftraggemäß (»macht euch die Erde untertan!«[62]) die Zivilisation aufzubauen, verklärt und rechtfertigt er seine Ein- und Übergriffe, die er aus dem Besitzrecht an der Erde ableitet. – Der Satz »mundus factus est« impliziert die grundsätzliche »Machbarkeit« der Welt. Da die Zweckbestimmung, auf die hin der Kosmos angelegt scheint, dem Menschen allein als dem Logosträger erkennbar ist und er sich somit im

---

61 Während die westliche Kultur ein manipulatives Verhältnis zur Physis hat und die systematische Ausbeutung der Natur betreibt, ist für das östliche Denken ein kontemplativer Realitätsbezug charakteristisch, der nicht die Herrschaft über, sondern die Identifikation mit der Physis sucht. Das hat bereits Schopenhauer gesehen. Vgl. Paralipomena Kapitel 15 Über Religion, bes. § 177, Über das Christentum, in: Schopenhauer, sämtliche Werke, herausgeg. von W. Freiherr von Löhneysen, Bd. 5 S. 427ff. Vgl. auch William S. Haas, Östliches und westliches Denken, Eine Kulturmorphologie, Hamburg 1967, rde Nr. 246/47; ferner: Daisetz Teitaro Suzuki, Zen und die Kultur Japans, Hamburg 1958, rde Nr. 66 und: Erich Fromm, Daisetz Teitaro Suzuki, Richard de Martino, Zen-Buddhismus und Psychoanalyse, suhrkamp taschenbuch Nr. 37, bes. die Ausführungen von Suzuki über den Zen-Buddhismus S. 9ff.
62 Das Genesis-Zitat: »Replete terram et subicite eam!« findet sich übrigens in einem mit unserem Cicerokapitel verwandten, stoisch-naturrechtlichen Argumentationsmilieu in der Enzyklika »Progressio Populorum« Kap. 22: »quibus (sc. verbis) docemur res mundi universas pro homine creatas esse, eique id munus esse concreditum, ut ingenii sui viribus earum momentum proferat easque suo labore suaeque utilitatis causa absolvat atque perficiat.« Übrigens ist der kriegstechnische Ausdruck »subicite« dem Verbum des hebr. Textes bedeutungsgleich: »kabasch« heißt »treten, niedertreten, unterwerfen«. Es hängt etymologisch mit dem chald. Wort für »Weg« zusammen; die gleiche Wurzel findet sich in dem hebr. Wort für »Fußschemel«. »Kabasch« wird im AT u. a. in der Bedeutung »subigere feminam« gebraucht (vgl. hebr. u. aram. Handwörterb. v. Gisenius). Nun ist es bezeichnend für die »interpretatio Graeca« der Septuaginta, daß sie dieses brutale Wort, mit dem die kriegerische Überlagerung bezeichnet wird, mit einem Verbum wiedergibt, das der Rechtssphäre entstammt (κατακυριεύσατε αὐτῆς), daß die Sept. also »kabasch« juridisch interpretiert, während die Vulgata diese »Entschärfung« sozusagen rückgängig macht und mit »subicite« zum ursprünglichen Sinn des hebr. Wortes zurückkehrt.

Zentrum der göttlichen Absichten weiß, kann er den Weg des Fortschritts durch Vernunftgebrauch mit ungebrochenem Selbstbewußtsein gehen.
In konsequenter Weiterführung des Welt- und Selbstverständnisses, auf dem unser Text beruht, werden heute wilde Tiere in eigens dafür angelegten Reservaten von Menschen gehegt; die Wildnis wird einem »naturbewußten« Kulturprogramm unterworfen. Indem die natürliche Umwelt gewissermaßen künstlich erhalten wird, werden die freilebenden Tiere vor totaler Ausrottung bewahrt. Gleichzeitig bieten sie aber – durchaus im Sinne unseres Textes – ein großartiges Spectaculum (Fotosafari in die Serengeti).
Wenn wir übrigens an die fabrikmäßige Aufzucht von Tieren denken, deren Existenz nur funktional gerechtfertigt ist, weil sie der menschlichen Ernährung dienen, dann werden wir ohne überlegenes Lächeln auch das dritte Beispiel lesen: »Bestiae hominum causa generatae ...«
Verzichten wir dagegen auf eine intentionale Interpretation der Welt, beschreiben wir die Welt phänomenologisch, als gegeben und vorgefunden (ὁ κόσμος ὑπάρχει statt mundus factus est), dann sind die angeführten, aus dem Machverhalten der Götter abgeleiteten menschlichen Manipulationen nicht legitimierbar; ein bedenkenloser Herrschaftsanspruch auf Nutzung der Erdengüter besteht dann nicht. Wir können unsere Rechte nur dann aus dem Realitätsbefund herauslesen, wenn wir unsere Wertvorstellungen zuvor in den Kosmos hineingetragen haben, so daß sie als seine zweckhaften Bestimmungen erscheinen.
Die Aussage: »mundus factus est« drückt unausgesprochen oder unbewußt eine elementare Struktur der »unwritten philosophy« aus, die sich in Form eines normativen Zirkelschlusses darstellen läßt, dessen beide Prämissen folgendermaßen lauten[63]:
a) Die Welt soll meinen Wert- und Wunschvorstellungen entsprechen.
b) Sie wird ihnen entsprechen, wenn sie bestimmte Eigenschaften hat, wenn sie z. B. ποίημα τοῦ θεοῦ ist.
Die Konklusion hätte die Form: Also hat die Welt diese bestimmten Eigenschaften, z. B. die Qualitäten eines Kunstwerks, das göttliche Weltenarchitekten als funktionsfähige Wohnmaschine mit Rücksicht auf die späteren Bewohner konzipiert haben.
Die Philosophie hätte dann die Aufgabe, mit rationalen Argumenten diese werthaften Tendenzen im Kosmos nachzuweisen und zu rechtfertigen; m. a. W. Philosophie wäre dann nur möglich in Form scholastischer Strategien[64].

---

63 Vgl. F. M. Cornford: The Unwritten Philosophy, Cambridge 1950; meine Formulierung nimmt Bezug auf Topitsch, Motive u. Modelle der Kantischen Moralmetaphysik, in: Soziol. Texte Band 10, Sozialphilosophie zwischen Ideologie u. Wissenschaft, von E. Topitsch, Luchterhand '61.
64 Auf den Terminus »scholastische Strategien«, der von Paul Honigsheim stammt, kommen wir an anderer Stelle zurück.

III.

Gottes- und Vorsehungsbegriff der Stoa im Vergleich zur Theologie der Epikureer nach Ciceros Darstellung in De natura deorum

1. Die stoische Theologie.

Das grundlegende Axiom der stoischen Götterlehre lautet (nach De nat. deor. II 30):

Providentia deorum mundus administratur.

Die stoische Argumentation ist konventionalisiert, sie folgt einem dogmatischen Katechismus (... »tris in partes nostri fere dividunt«). In unserem Zusammenhang interessiert nur »prima pars disputationis«, die Lehre vom Sein der Götter. Wer ihre Existenz zugibt, der muß nach stoischer Auffassung zwangsläufig auch einen zweiten Satz bekennen: »Eorum consilio mundus administratur.« § 76 heißt es ausdrücklich: Wer die Existenz der Götter zugibt, »iis fatendum est eos aliquid agere, idque praeclarum«. Der Ausgangspunkt stoischer Argumentation kann also in folgende sprachliche Form gebracht werden:

Si dei sunt, providentes sunt.

Dabei ist mit »providentia«, wie im weiteren gezeigt wird, die höchste denkbare Form souveränen und universalen Handelns gemeint. Durch Umwandlung des Axioms in die Form eines Konditionalsatzes wird eine wichtige Voraussetzung des stoischen Theologems sichtbar: Der Begriff »dei« impliziert für den Stoiker die Prädikation »providentes«. Er betrachtet diesen Satz als eine analytische Aussage a priori; das Prädikat sagt nichts Neues aus, es erläutert lediglich den Begriff »dei«, es expliziert also nur das, was mit dem Subjekt bereits mit-gemeint war. Daher besitzt dieser Satz für den Stoiker logische Stringenz, er gilt als selbstevident, als natürlich und selbstverständlich, andere Aussagen über den gleichen Objektbereich sind indiskutabel; einen Satz, der die logische Struktur hat: »Gold ist gelb« einer empirischen Prüfung zu unterziehen, widerspräche dem »gesunden Menschenverstand«. Somit fallen Epikureer und Demokriteer mit ihrem ganz anderen Gottesbegriff unter die Atheisten, wenn auch mit gewissen Einschränkungen: »quodammodo« (§ 76) ist ein taktisch eingebautes Adverb; indem man eine »gewisse« Unschärfe der Argumentation zugibt, sichert man diese Verallgemeinerung gegen Kritik ab (Immunisierungsstrategie), ohne daß man darauf verzichten muß, den massiven Vorwurf des Atheismus auszusprechen.

Der Begriff »providentia«, Voraussetzung und Ziel des stoischen Beweisganges, wird in §§ 76/77 zunächst ausgespart. Die Argumentation beginnt mit folgender These:

I. Götter sind tätig.

Dieser Satz impliziert: »idque praeclarum«. Daß Götter, wenn sie handeln, vollkommen handeln, bedarf keines Beweises. Auch die Epikureer sprechen ihren Göttern Vollkommenheit zu, freilich die Vollkommenheit der Distanz und der Gelassenheit, nicht die Vollkommenheit des Handelns, die es nach ihrer Auffassung überhaupt nicht geben kann. Vollkommenheit ist für Epikureer inkompatibel mit Aktivität (Handeln als Selbstverlust, als Selbstentäußerung und Entfremdung). Die zweite These der Stoiker lautet:

II. Höchste Form der Aktivität ist die Regierung der Welt.

Sie ist vollkommen und universal, denn sie schließt alle anderen Weisen der Betätigung ein.
Aus den beiden Prämissen:
1. Götter sind auf vollkommene Weise tätig;
2. Vollkommenheit des Tuns findet Ausdruck in der Regierung der Welt
ergibt sich als Basissatz stoischer Weltanschauung die Behauptung:
Mundus consilio deorum administratur.
Wer diese Konklusion nicht anerkennt, der gerät in einen infiniten Regreß, denn dann stehen hinter den Göttern andere Instanzen von noch höherer Vollkommenheit und umfassender Machtbefugnis (inanima natura; necessitas § 76: Regreß vom Vollkommenen auf ein absolut Vollkommenes). Da Vollkommenheit vom Gottesbegriff nicht getrennt werden kann, ist ein Regreß über Gott hinaus auf der Suche nach den Trägern absoluter Vollkommenheit für den frommen Menschen ausgeschlossen: »nihil praestantius deo«, denn Gott ist bereits das »ens perfectissimum«. Wenn aber Gottes Herrschaft universal und vollkommen zugleich ist, dann gilt § 77: »Omnem ergo regit ipse naturam«. Ferner gilt: Wenn Götter »intelligentes« sind (– das wird unausgesprochen aus ihrer Vollkommenheit gefolgert; »dumme Götter« sind nicht gut vorstellbar, und sie kommen erst recht nicht als vollkommene Akteure in Frage –), dann sind sie auch »providentes« (§ 77); hier fällt – mit markantem Homoioteleuton – endlich das Stichwort, und zwar »providentes rerum maximarum«, was sich jetzt auch von selbst versteht, sind sie doch Weltenherrscher.
Im folgenden werden zwei fingierte Einwände zurückgewiesen:
a) die Götter könnten nicht wissen, welches die »maximae res« sind;
b) sie wären nicht fähig, die Herrschaft über die Welt auszuüben.

Der erste Einwand wird ausgeschlossen, weil er unvereinbar ist mit der »natura deorum«: Es gehört zum Wesen der Götter, um die »maximae res« zu wissen, also um das, »was die Welt im Innersten zusammenhält«. Der zweite Einwand ist inkompatibel mit der »maiestas deorum«, insofern Götter »omnipotentes« sein müssen, um Götter zu sein. Die Zurückweisung von Einwand a) führt so zu der Aussage: Götter sind allwissend; Zurückweisung von Einwand b) ergibt die Feststellung: Götter sind allmächtig. Da Allwissenheit und Allmacht Teile der göttlichen Vollkommenheit sind, sind beide Feststellungen analytische Aussagen apriorischer Art.

Der abschließende Satz in § 77 zeigt Sinn und Tendenz der Argumentation. In naiver Offenheit bekennt der Sprecher seine engagierte Vorentscheidung: »Ex quo efficitur id quod volumus, deorum providentia mundum administrari«.

Wenn wir die Argumentationsstruktur aus dem Kontext des 30. Kapitels herauspräparieren, ergibt sich folgende Anordnung:

1. Götter sind (Präsupposition: sofern man kein Atheist ist).
2. Götter handeln.
3. Götter handeln vollkommen.
4. Göttliches Handeln ist souveränes, universales Handeln.
5. Souveränes Handeln ist Regieren.
6. Die vollkommene Form souverän-universalen Handelns ist die Regierung des Universums.
7. Götter regieren das Universum.

Eine Kosmokratie setzt aber folgende komplementäre göttliche Eigenschaften voraus:

a) Vollkommen regieren können nur Wesen mit vollkommener Einsicht: Götter sind allwissend.
b) Göttliche Allwissenheit realisiert sich als Vorsehung. Als Weltenherrscher sind die Götter demnach »providentes rerum maximarum«.
c) Wenn sich Allwissenheit aktiv als Vorsehung entfaltet, dann ist »providentia« die Form, in der sich göttliche Allmacht (omnipotentia) äußert.

Fassen wir zusammen: »Dei agunt« ist für stoische Theologen eine Explikation der Existenzbehauptung »dei sunt«. Die Sätze 3 bis 7 sind stoische Deduktionen. In ihnen wird nur das erläutert, was in Satz 2 implizit gegeben, mitgedacht, vorentschieden ist. Wir verlassen dabei nicht den stoischen Zirkel. Da die Ausgangsthese nicht reflektiert wird, kann unser Stoiker die Zirkelhaftigkeit der eigenen Argumentation nicht durchschauen; denkbare Alternativen zum stoischen Basissatz werden nicht gesehen oder – im Falle der Epikureer – kurz und taktisch zurückgewiesen. Das stoische Theologem ist ein Modellbeispiel für eine scholastische

Strategie; sie hat die Form: (»dei sunt«) impliziert (»dei agunt«); (»dei agunt«) impliziert alles übrige. Das Grundaxiom ist die Basis der Argumentation. Seine Evidenz wird vorausgesetzt. Die stoischen Vorentscheidungen werden als Implikationen des Grundsatzes mitgedacht. Sie partizipieren dadurch nicht nur an der Evidenz der Basis, sondern gelten als deren logische Entfaltungen. Der axiomatische Zirkel wird nicht verlassen, die Ableitungen enden bei den stillschweigenden Voraussetzungen, die aber durch rationales Argumentieren als gerechtfertigt erscheinen[65].

2. DIE GÖTTERLEHRE EPIKURS.

Die Grundzüge der epikureischen Theologie werden von Velleius im ersten Buch, §§ 43–56, dargelegt. Nach dieser Darstellung ist der Glaube an die Existenz von Göttern eine Denknotwendigkeit; angeborene Vorbegriffe (prolepseis, anteciptiones) führen die Menschen zum Götterglauben. Der Satz »dei sunt« besitzt auch für den Epikureer unangefochtene Gültigkeit[66].

Zwei Prädikationen sind nach epikureischer Auffassung für die Götter charakteristisch: Ewigkeit und Glück. Beide Aussagen sind für den Adepten Epikurs denknotwendig und nicht hinterfragbar. Der Ausgangspunkt dieses Theologems ist in Form zweier Basissätze explizierbar. Die Existenzbehauptung

1. Dei sunt impliziert folgende Prädizierungen:

---

65 Zum weltanschauungskritischen Gebrauch des Begriffs »Scholastik« vgl. man den Aufsatz von Paul Honigsheim »Über die sozialhistorische Standortgebundenheit von Erziehungszielen«, in: Schriften zur wissenschaftl. Weltorientierung Bd. VII: Schule u. Erziehung, Berlin 1960, S. 39–48.
Honigsheim stellt auf S. 41 fest, daß religions-wirtschafts- und politikbezogene Verbände sich zur Beeinflussung ihrer Mitglieder vor allem zweier Mittel bedienen: Erziehung und Scholastik. Über Wesen und Form der Scholastik schreibt er S. 42:
»Sie setzt das als essentiell Angesehene als gegeben voraus, und zwar als nicht primär auf verstandesmäßigem Wege erkannt, sondern durch autoritäre Personen oder Bücher bzw. durch geheiligte Traditionen festgelegt. Nun hat man aber ... gegen konkurrierende Institutionen, Opponenten und Varianten zu kämpfen. Das veranlaßt dazu, die nicht auf Grund verstandesmäßiger Einsichten als richtig angesehenen Glaubens- und Verhaltenslehren verstandesmäßig zu legitimieren. Ein solches Verfahren ist scholastisch, und scholastische Elemente finden sich innerhalb von Ideologien, die durch Kirchen, Staaten und Wirtschaftsverbände vom Beginn komplizierterer Gebilde bis in unsere Zeit gelehrt und in der Erziehungsarbeit verwendet worden sind. ... Hiermit ist oft eine Kasuistik verbunden, d. h. eine Lehre von der Applikation der allgemeinen Moralgrundsätze auf die komplizierten Verhältnisse des täglichen Lebens.«
H. unterscheidet insbesondere Kirchenscholastik, Staatsscholastik und Scholastik innerhalb der Wirtschaftsideologien (Merkantilismus, »laissez faire«, soziol. Darwinismus u. a.).
Wenn man diesen erweiterten soziologischen Begriff der Scholastik übernimmt, kann man ihn vielleicht so definieren: Jeder Versuch, eine empirisch nicht nachprüfbare These (– Thesen, die auf werthaften Entscheidungen beruhen –) auf dem Wege rationaler Argumentation in apologetischer Absicht zu rechtfertigen, wobei die Rechtfertigung als Beweis aufgebaut ist, stellt eine scholastische Strategie dar. Die Grundstruktur dieser Verfahrensweisen läßt sich, wie später zu zeigen sein wird, als die Tendenz beschreiben, aus einem Imperativ (oder Jussiv, Optativ) einen Indikativ abzuleiten (»sit! ergo est.«)
66 Da die Epikureer konsequente Sensualisten und Nominalisten sind, gibt es für sie keine Sätze von apriorischer Stringenz; die These des Velleius, (43) »solus enim vidit primum esse deos, quod in omnium animis eorum notionem impressisset ipsa natura« wäre im Sinne der Eidolatheorie Epikurs (φανταστικαὶ ἐπιβολαί) auf ihr sensualistisches Fundament zurückzuführen: Dem Gottesbegriff kommt zwar keine Apriorität, aber Evidenz zu. Doch soll diese Frage in unserem Zusammenhang nicht weiter untersucht werden.

II. Dei aeterni et beati sunt.

Satz II ist für den Epikureer ein analytisch-apriorisches Urteil; denn die beiden Prädikate entfalten sich mit logischer Notwendigkeit aus dem Gottesbegriff. Eine Reihe von für uns durchaus denkbaren Göttervorstellungen sind von diesem Standpunkt aus unmöglich: Man denke an die Vorstellung einer Selbstentäußerung Gottes, an leidende und sterbende Götter, an die Götter Homers und Hesiods, die dem Realitätsdruck nicht vollständig entzogen sind (Zeus-Sarpedon in der Ilias!) oder auch an die indischen Devas, die dem Karmagesetz unterworfen sind und als endliche, wenn auch äußerst langlebende Wesen gelten.

Ewiges Glück wird als ewiges Otium beschrieben (§ 43), jede Form des Handelns, des Hineinwirkens in die Welt, jede spontane Anteilnahme am Weltgeschehen wird den Göttern abgesprochen; Aktivität ist nicht θεοπρεπές, denn Handeln wäre Störung des ewigen Glückes, Betätigungsdrang gilt als Zeichen eines unerfüllten Lebens. Da die Götter keine »negotia« haben, keine Hast und Unruhe kennen, ist es auch undenkbar, daß sie »negotium exhibere alteri« und dadurch die Menschen beunruhigen; hieraus ergibt sich die völlige Affektfreiheit der Götter.

Das hier gelegte theologische Fundament (§ 44) genügt dem Epikureer für die religiöse Praxis. Die epikureisch gereinigte »religio« erfüllt zwei wichtige Funktionen:

a) »Dei pie coluntur«; angemessene Form der Frömmigkeit ist die ehrfürchtige Verehrung der göttlichen »praestantia«

b) »Superstitione liberant«: In ewigem Glück affektfrei lebende Götter befreien die Menschen von abergläubiger Angst und Verkrampfung.

Als Grundaxiom der epikureischen Theologie kann also der Satz gelten:

Dei otiosi sunt.

Doch unsere geistige Unruhe (»animus anquirit«) will noch drei weitere Fragen beantwortet wissen:

a) forma,

b) vitae actio,

c) mentis agitatio deorum.

Die erste Frage ist für unsere Problemstellung nicht sehr aufschlußreich. Da »species humana pulcherrima«, komme sie, so wird § 47 gesagt, der praestantissima natura zu; freilich sind Götter nicht sinnlich wahrnehmbar (non sensu sed mente cernuntur), sie werden aber gestalthaft erfaßt. Eine komplizierte Theorie (imagines – scl. deorum – similitudine et transitione perceptae § 49) hilft dem Epikureer über seine Verlegenheit hinweg. Die Eidola-Hypothese stellt den Versuch dar, auch bei der Gottesidee auf Apriorismus zu verzichten, ohne in massiven Sensualismus abzugleiten.

»Natura et ratio« hat den Epikureer dazu geführt, die Menschengestalt für die Götter zu postulieren. Wichtiger für unser Problem ist aber die zweite Frage: Welche »vitae actio« kommt den Göttern zu? (§ 51) Die dritte Frage läßt sich als Konsequenz der zweiten beantworten.
Folgende Begriffe umschreiben die göttliche Lebensform:
1. Glück (beatius; omnibus bonis affluentius; vgl. Aussage II).
2. Otium (nihil agere; nullis occupationibus implicatus; quietus).
3. Selbstgenuß der eigenen Weisheit und Innerlichkeit. Damit ist bereits die dritte Frage (»mentis agitatio«) vorläufig beantwortet.

Demgegenüber erscheint der stoische Gott als »laboriosissimus«, und labor schließt – mindestens im antiken Sprachgebrauch – beatitudo aus. Mit dem Satz: »Hunc deum rite beatum dixerimus, vestrum vero laboriosissimum« beginnt im XX. Kapitel (§ 52) die Auseinandersetzung mit der stoischen Theologie. Es werden zwei grundsätzliche Möglichkeiten göttlicher Aktivität angeführt:

a) Wenn mundus = deus, dann genießt dieser kosmische Gott oder göttliche Kosmos das fragwürdige Glück einer ständigen Axendrehung: »Quid potest esse minus quietum quam nullo puncto temporis intermisso versari circa axem caeli admirabili celeritate?« – das ist nicht ohne Humor gesagt.

b) Wenn Gott aber »gubernator mundi« ist, dann ist er für epikureische Vorstellung in keiner beneidenswerten Lage, sondern »in molesta negotia implicatus« (§ 52).

Da nach epikureischer Kosmologie die Welten sich selber in ständigen Prozessen hervorbringen, sind für sie die Eingriffe eines supranaturalen Weltenarchitekten entbehrlich (§ 53: »nihil opus fuisse fabrica ... sine divina ... sollertia«); Atome, leerer Rau, Naturkausalität konstituieren den Kosmos und lassen zahllose Welten entstehen und vergehen. Daher können die Epikureer auf die technomorphen und intentionalen Vorstellungen eines Weltbaumeisters verzichten; sie benötigen weder einen mit Amboß und Blasebalg hantierenden kosmischen Schmied noch einen Deus ex machina (§ 53/54), der als Lückenbüßer im letzten Akt eingeführt wird, um den glücklich-harmonischen Ablauf des Welttheaters zu garantieren. In diesem 20. Kapitel wird in geistreicher Ironie die stoische Göttervorstellung karikiert. Velleius durchschaut die Fragwürdigkeit der anthropomorphen und intentionalen Göttervorstellungen als naive menschliche Projektionen. Dem »aufgeklärten« Epikureer sitzt kein Gott drohend im Nacken »horribili super aspectu mortalibus instans« (Lukr. I, 65), der alles voraussieht, alles auf sich selbst bezieht, sich von allem und jedem betroffen fühlt (»omnia ad se pertinere putantem«), als ein göttlicher Manager-Gott: curiosus et plenus negotii. Der Epikureer zieht es vor, frei von Angst und in frommer Scheu zu verehren »naturam excellentem atque praestantem«.

So stehen sich am Ende zwei philosophische Dogmatiker gegenüber, die jeweils einen einzigen Grundsatz als unerschütterliches Fundament der Wahrheit über Gott verkünden.

Stoiker: »Dei agunt« – Götter sind tätig.
Epikureer: »Dei otiosi sunt« – Götter sind müßig.

Eine Einigung zwischen den philosophischen Kontrahenten ist nicht möglich, weil hinter den expressis verbis formulierten Axiomen werthafte Überzeugungserlebnisse und Dispositionen stehen, die nicht weiter ableitbar sind.

Der Stoiker bekennt sich zu dem Werturteil: »Handeln ist der vollkommene Modus des Seins.« Die Lebensform und philosophische Grundhaltung des Epikureers hat folgenden Satz zur Voraussetzung: »Das Werturteil: ›Sein ist vollkommener als Handeln‹ soll gelten!« Wie Kap. XX § 53 zeigt, geht der Epikureer von seinem individuellen Lebensideal aus: »Nos autem beatam vitam in animi securitate et in omnium vacatione munerum ponimus.« Der epikureische Gott stellt sich als eine ins Übermenschliche gesteigerte Extrapolation des nach dem Prinzip λάθε βιώσας lebenden epikureischen Weisen heraus. Die individuelle Sehnsucht nach Ruhe und Glück legiert sich mit der Gottesvorstellung, und dieser epikureische Gott-Philosoph legitimiert dann gewissermaßen »rückwirkend« die Lebensform des epikureischen Weisen. Demgegenüber stellt dann der stoische Gott eine unwürdige, hektische Manager-Gestalt dar.

Der Satz »Götter sind tätig« entlarvt sich infolgedessen für den epikureisch denkenden und empfindenden Philosophen als ein falscher synthetischer Satz; die Prädizierung »sind tätig« erweitert in unzulässiger Weise den epikureischen Gottesbegriff, muß also (– im Sinne der Philosophen des »otium« –) das »Wesen der Götter« verfehlen. Die Götter Epikurs *sind,* ihnen kommt Essenz zu, aber keine Existenz im Sinne des Heraustretens, der Aktivität. Handeln wird aufgefaßt als Mangel an Seinsfülle, als Unvollkommenheit. Daher kann es auch keine Vorsehung geben, denn Vor-sehung wäre Vor-planung, also Verletzung des reinen Seinszustandes durch Intentionalität.

Wenn wir diese Art philosophischer Argumentation beurteilen wollen, haben wir davon auszugehen, daß weltanschauliche Setzungen und philosophisch-theologische Spekulationen nicht Ausdruck einer rationalen Haltung sind, sondern tief im emotionalen und vegetativen Bereich der menschlichen Seele verwurzelt sind. Ein bestimmtes Temperament – so können wir vereinfachend sagen – drückt sich auch in einer ganz spezifischen Weltdeutung aus, deren Formulierung als das Resultat einer Rationalisierung und systemkonformen Stilisierung emotionaler Grundbedürfnisse aufgefaßt werden kann. Zwei derartige Weltanschauungstypen stehen uns im Stoiker und im Epikureer gegenüber. In idealtypischer Vereinfachung lassen sich die beiden philosophischen Repräsentanten folgendermaßen charakterisieren:

Epikureer: sensibel – musisch – schöngeistig – pazifistisch – apolitisch – beschaulich – sinnenfroh – flexibel und anpassungsfähig – eher pyknisch und zyklothym.

Stoiker: aktiv – vital – verantwortungsbewußt – pflichtbewußt – politisch – ausdauernd – moralisch – innengelenkt.

Weil beide Repräsentanten die Verschiedenheit ihrer Vitalbasis nicht reflektieren, ist kein Dialog zwischen ihnen möglich. Für den Stoiker ist der Satz »dei agunt« ein analytischer Satz von apriorischer Wahrheit und Gültigkeit. Von seiner anderen Erlebnisbasis aus entlarvt der Epikureer diese Aussage als einen falschen synthetischen Satz. Genauso verfährt der Stoiker gegenüber dem Epikureer.

Überheblich versteifen sich beide philosophische Repräsentanten auf je eine metaphysische Grundaussage, ohne deren jeweilige prärationale und temperamentbedingte Herkunft zu reflektieren. Beide Kontrahenten glauben, auf dem Weg logischer Argumentation ihre Axiome stützen zu können. Da sie aber beide in ihrem temperamentbedingten weltanschaulichen Zirkel verharren, können sie sich durch Argumente überhaupt nicht erreichen.

Eine kritische Beurteilung ihrer Ausgangsposition hat davon auszugehen, daß man auf dekutivem Wege aus einem Argument nie mehr an Information herausholen kann, als im Vordersatz enthalten ist bzw. mit dem Vordersatz als dessen unausgesprochene Implikationen bereits mitgedacht und mitentschieden ist. Indem jeder nun sein konstitutionsbedingtes Grundengagement in die Ausgangsthese »dei sunt« hineinlegt, kommen beide – bei scheinbar formal gleichem Ausgangspunkt – zu den verschiedenen, von vornherein festgelegten Zielen (»id quod volumus«): Providentia bzw. Otium als göttliche Grundhaltungen. Beide haben nicht bemerkt, daß sie mit ihrem individuellen Temperament die Leerformel »dei sunt« erst inhaltlich aufladen mußten, um dem Satz »Energie« in Form von Information entnehmen zu können, und daß dieser Satz durch seinen weiten logischen Spielraum dazu disponiert ist, mit divergierenden Inhalten situationskonform befrachtet zu werden. Letzten Endes dienen die beiden Theologeme »dei agunt« und »dei otiosi sunt« der Rechtfertigung zweier menschlicher Lebensformen. Wenn ich meine individuelle Lebensform bei den Göttern wiederfinde, dann gehen von den Göttern als den normsetzenden archetypischen Instanzen Handlungsanweisungen aus, die genau dem Weltverhalten entsprechen, das für mich durch Temperament, Charakter, Milieu selbstverständlich ist, aber einer rechtfertigenden Stütze bedarf.

So lassen sich beide Theologeme als Projektionen menschlichen Wunschdenkens auffassen, durch die jeweils eine bestimmte Wirklichkeitseinstellung legitimiert werden soll; sie haben also eine verhaltensstabilisierende Funktion. Da die beiden Standpunkte von konkurrierenden Philosophen vertreten werden, greifen diese zu einer rational-deduktiven Argumentation als dem probaten Mittel, um weltanschauliche Agone auszutragen: Scholastische Strategien, von beiden Konkurrenten angewendet, bes. massiv vom Stoiker eingesetzt, höhlen die beiden Wertsysteme aus, während sie den jeweiligen Standpunkt noch abzusichern glauben.

Im übrigen werden diese theologischen Auffassungen durch die radikale Kritik des Xenophanes (etwa 570–477 ante) an den anthropomorphen Göttervorstellungen betroffen und sind insofern bereits Jahrhunderte vor ihrer Formulierung kompromittiert worden.

Man lese z. B., um das Niveau der Kritik festzustellen, das 15. und das 16. Fragment des Xenophanes[67]:

15. »Doch wenn die Ochsen und Rosse und Löwen Hände hätten oder malen könnten mit ihren Händen und Werke bilden wie die Menschen, so würden die Rosse rosseähnliche, die Ochsen ochsenähnliche Göttergestalten malen und solche Körper bilden, wie jede Art gerade selbst ihre Form hätte.«

16. »Die Äthiopen behaupten, ihre Götter seien stumpfnasig und schwarz, die Thraker, blauäugig und rothaarig.«

Das 16. Fragment beschreibt einen ethnographischen Befund, das 15. Fragment zieht daraus die Konsequenzen. Mit kritischem Blick hat der frühgriechische Denker erkannt, daß die Götter der Volksreligionen durch Projektion aus dem jeweiligen Ethnozentrum heraus entstanden sind. Indem er die Göttervorstellungen der Barbaren ernst nimmt und bereit ist, den eigenen Denkhorizont grundsätzlich zu überschreiten, gelangt er zur Einsicht in die Relativität und Standortbezogenheit der konventionellen griechischen Religion. Xenophanes war aber nicht nur ein konsequenter, sondern auch ein konstruktiver Denker. Seine Religions- und Weltanschauungskritik ist nur der negative Aspekt einer eigenen revolutionären theologischen Konzeption[68].

Die Auseinandersetzung zwischen den Vertretern der stoischen und der epikureischen Theologie kann als Modellfall einer theologisch-weltanschaulichen Kontroverse im Unterricht dargestellt werden. Zeitgenössische Parallelen liegen nahe, man denke z. B. an den Streit zwischen Supranaturalisten und radikalen Entmythologisierern im theologischen Lager. Wie würde z. B. eine Grundlagendiskussion zwischen einem Anhänger Karl

---

67 Vgl. Diels-Kranz, Die Fragmente der Vorsokratiker, 9. Aufl. Berlin 1960 Bd. I S. 132 und 133.
68 Zu Xenophanes vgl. man z. B. Werner Jaeger, Die Theologie der frühen griech. Denker, Darmstadt 1964, insbes. das 3. Kapitel: Die Lehre des Xenophanes von dem einen Gott, S. 50ff.

Barths und einem Theologen aus der Schule Herbert Brauns verlaufen? Welche Verständnisschwierigkeiten hätte ein Fundamentalist im Gespräch mit einem buddhistischen Religionsphilosophen? Der orthodoxe Christ wird wahrscheinlich behaupten, der klassische Buddhismus sei keine »eigentliche« Religion, weil er keinen persönlichen Gottesbegriff kennt, sondern »nur« eine Weltanschauung oder Philosophie[69]. Es wird ihm schwer fallen, seinen abendländischen Definitionshorizont aufzugeben oder zu erweitern.

Aufschlußreich für dieses religionswissenschaftliche Problem ist ein Buch mit dem Titel: »Die Antwort der Religionen auf 31 Fragen von Gerhard Szczesny«[70]. Die Lektüre dieses Buches gibt einen guten Überblick über den aktuellen Stand des religiösen Problembewußtseins bei repräsentativen Vertretern der Hochreligionen. Man vergleiche z. B. die Antworten der katholischen Theologen Karl Rahner und Johann Baptist Metz mit den Ausführungen des Lama Anagarika Govinda zu den gleichen Fragen. (Das Werk ist nicht nur für den Religionsunterricht in den Primen, sondern auch für den Sozialkunde- und Philosophieunterricht geeignet.)

Der provozierende Titel des bedeutenden Werkes von Helmuth von Glasenapp: »Der Buddhismus – eine atheistische Religion«[71] weist auf die Problematik der abendländischen Definitionsversuche hin. Der Grundsatz östlicher Theologen: »Für Religion ist nicht der Gottesbegriff, sondern das Heilige als Wirklichkeitsraum konstitutiv«, ist für einen abendländisch-christlichen Theologen von seinem theistischen Grundengagement aus nur schwer zu verstehen, da für den Theisten der Basissatz gilt: »Von Religion kann nur dort gesprochen werden, wo ein Gottesbegriff explizit vorliegt.«

An diesen Beispielen sehen wir: Wer Definitionen als Wesensaussagen begreift, nicht operational als Mittel der Kommunikation benutzt, gerät in einen ideologischen Zirkel; er will sich definitorisch vom andern abgrenzen, um sich gegen ihn abzuschirmen. Wenn aber beide Gesprächspartner sich durch Essentialisierung ihrer Standpunkte gegenseitig immunisieren, dann gibt es kein Gespräch, also auch keine Verständigungsmöglichkeit mehr zwischen beiden »Lagern«. Nur durch Kommunikation läßt sich aber die Schranke des Ressentiments abbauen. Dies gilt nicht nur für weltanschauliche, sondern auch für politische Fragen.

Die Kontroverse zwischen dem Stoiker und dem Epikureer über die wahre Gottesverehrung ist infolge der Naivität der vorgebrachten Argu-

---

69 So definiert z. B. P. Wilhelm Schmidt in: Ursprung und Werden der Religion: »Deshalb kann auch der ursprüngliche Buddhismus, insofern er keine persönlichen Götter anerkennt, nicht als Religion, sondern nur als Philosophie betrachtet werden.« (Nachweis bei H. v. Glasenapp, Kant und die Religionen des Ostens, Kitzingen 1964, S. 60).
70 München 1965
71 München 1966

mente besonders geeignet, um das Problembewußtsein der beiden weltanschaulichen Konkurrenten kritisch zu beurteilen. Indem wir aber das Textmodell funktional verstanden, führte es uns weiter auf eine aktuelle Frage von humanistischer und gesellschaftlicher Brisanz: Wie ist in weltanschaulichen Fragen Verständigung oder wenigstens Verstehen möglich zwischen Partnern, die von einem völlig verschiedenen Wertbewußtsein aus argumentieren? Dabei zeigte es sich, daß ein Beharren auf absolut gesetzten Definitionen, ein Mißverstehen ihrer operationalen Funktion, auf mangelnder Einsicht in die emotionalen Grundlagen der eigenen Weltsicht beruht. Ein Problemlösungsverhalten, das den eigenen Standort nicht mitreflektiert, muß aber zum Abbruch des Gesprächs mit dem Partner führen. Dogmatisierung des individuellen Standpunktes macht eine weitere Kommunikation unmöglich.

IV.
Sphärenharmonie und siebensaitige Lyra

Zwei einfache, aber besonders lehrreiche Beispiele für den Versuch, nach werthaften Gesichtspunkten die Realität ideologisch umzudeuten, finden sich im 18. Kapitel des Somnium Scipionis.
Africanus erklärt seinem Adoptivenkel Scipio von einem himmlischen Ort aus den sphärischen Aufbau des Universums und die Sphärenharmonie, die den Kosmos durchwaltet.
Folgende Reihenfolge der Sphären wird angenommen:

(Tellus) / Luna-Merkur-Venus-Sol-Mars-Jupiter-Saturn-Fixsternhimmel.
           1   2   3   4   5   6   7   8

Die Erde »immota manens una sede semper haeret« in der Mitte des Kosmos, so wird in archaisierend-feierlicher Sprache (Stabreim!) gesagt. Cicero bekennt sich also zum geozentrischen Weltbild, obwohl ihm das heliozentrische System, das erstmals Aristarch (um 300 ante) konsequent entwickelte, durchaus bekannt war, wie Lucullus 123 zeigt: »Circa axem se summa celeritate convertit (sc. terra).« Cicero hält im Somnium an der Statik des alten Weltbildes fest, weil es seiner eigenen politischen Konzeption entspricht. Wer die Erde sich bewegen läßt, wer das statische Weltbild durch ein mobiles (= labiles!) System ersetzen will, der erschüttert gleichzeitig die Stabilität der politischen Ordnung, denn die festgegründete Erde, die γαῖα εὐρύστερνος πάντων ἕδος ἀσφαλὲς αἰεί Hesiods, die γαῖα ἀκίνητος καὶ ἑδραῖος[72], ist ein archetypisches Modell für die politische Welt.

---

72 Vgl. die Stellenangaben im Kommentar von Atzert zu Ciceros De rep.

Die geozentrische Hypothese im Somnium Scipionis ist demnach für Cicero funktional zu seiner politischen Weltanschauung. Seine Entscheidung für dieses Erklärungsmodell ist durch werthaft-politische Gesichtspunkte bedingt, die ihrerseits in temperament- und umweltgeprägten emotionalen Grundeinstellungen wurzeln. Nach gleichen praktisch-methodischen Gesichtspunkten wählten die Epikureer Demokrits Atomtheorie als naturphilosophische Basis ihres Systems; nicht weil die Atomtheorie die Erscheinungen besser erklärt, sondern weil sie die wirksamste Waffe ist, die sie im Kampf gegen Aberglauben und Götterfurcht besitzen. Naturforschung (»naturae species ratioque«, De rerum natura I, 148) hat für Lukrez eindeutig die Funktion eines Vehikels zur menschlichen Selbstbefreiung. In beiden Fällen – bei Cicero und bei Lukrez – können wir von einer ideologischen Verwendung naturwissenschaftlicher Theorien sprechen. Das 18. Kapitel des Somnium ist aber noch in anderer Hinsicht aufschlußreich. Das geozentrische Modell in der durch Cicero repräsentierten Gestalt enthält empirische Elemente, die nur durch exakte astronomische Beobachtungen festgestellt werden konnten. Die – relativ richtige – Sukzession der Sphären kann nur durch Studium der Umlaufbahnen der Himmelskörper erschlossen worden sein. Das kann man leicht feststellen, wenn man die heutigen astronomischen Daten in das Sphärenmodell einträgt:

Luna	Merkur	Venus	(Sol)	Mars	Jupiter	Saturn	Fixsternhimmel
1	2	3	(4)	5	6	7	8
29 Tage	87 Tage	224 Tage		686 Tage	11 Jahre	29 Jahre	

Doch die Basis der Beobachtung ist in unserem Text längst aufgegeben; die Reihenfolge der Himmelskörper wird als dogmatischer Bestandteil in ein anderes Deutungssystem eingebaut. Entgegen der Beobachtung, wie sie bereits einer rohen Empirie zugänglich ist, bewegen sich die Himmelskörper um so schneller, je weiter sie vom gedachten Mittelpunkt (Erde) entfernt sind: am langsamsten Mond und Merkur, am schnellsten Saturn und Fixsternsphäre. Jeder Himmelsbeobachter weiß aber, daß man den Merkur förmlich wandern sieht, während Saturn z. B. mehrere Monate lang im Sternbild der Zwillinge »steht«. Cicero aber übernimmt ein musikalisches Kosmosmodell pythagoreischer Herkunft, das sich nicht an der Empirie, sondern an der Lyra Terpanders orientiert. Den sieben Saiten entsprechen sieben Intervalle, und diese Intervalle finden sich nun in den sieben Sphären und in der Sphärenharmonie wieder. Die Mondsphäre bildet den tiefsten Ton, muß sich also am langsamsten bewegen, die Tonhöhe steigt dann an bis zu Saturn und zur Fixsternsphäre. Das äquivoke Gegensatzpaar: grave-acutum (tief-schwer-langsam; scharfschrill-hoch-schnell) stützt diese Deutung scheinbar logisch ab.

Entscheidend ist aber folgendes: Das Somnium setzt eine strukturelle Gleichheit von Kosmos und 7-saitiger Lyra voraus; der Kosmos *ist* eine 7-saitige Lyra. Nun kommt aber auch der »Ideologe« nicht um den Realitätsbefund herum, den achtfach geschichteten Kosmos. Also müssen zwei Sphären gleiche Geschwindigkeit haben, damit sie den gleichen Ton erzeugen können. Dabei wirkt die heilige Siebenzahl noch zusätzlich normierend: »qui numerus rerum omnium fere nodus est.«

Die maßgebende Textstelle lautet: »Illi autem octo cursus, in quibus eadem vis est duorum, septem efficiunt distinctos intervallis sonos«. Macrobius erläutert in seinem Kommentar diese Stelle folgendermaßen: (In somnium II, 4, 9) »octo sunt igitur, quae moventur, sed septem soni sunt, qui concinentiam de volubilitate conficiunt, propterea, quia Mercuralis et Venerius orbis pari ambitu comitati solem viae eius tamquam satellites obsecuntur et ideo a nonnullis astronomiae studentibus eandem vim sortiri existimantur.« Wenn wir uns der Deutung des Macrobius anschließen, dann bewegen sich Merkur und Venus gleich schnell, erzeugen also den gleichen Sphärenton. Macrobius argumentiert folgendermaßen: Es werden sieben Töne erzeugt, weil Merkur und Venus unmittelbare Sonnenbegleiter sind, deshalb gleiche Bahnen haben und infolgedessen mit gleicher Geschwindigkeit sich bewegen. Für eine weltanschauungskritische Beurteilung liegt aber der Verdacht nahe, daß hier der Wunsch Vater des Gedankens war, daß also zwei Planeten gleiche Geschwindigkeit haben müssen, damit sie den gleichen Ton erzeugen können, und damit die Siebenzahl der Töne garantiert wird, die für die »Harmonicē mundi« grundlegend ist. Hier werden also nicht nach altem griechischen Methodenprinzip »die Erscheinungen bewahrt« (– Merkur bewegt sich fast dreimal so schnell am Himmel wie Venus –), sondern eine nach werthaften, ästhetischen und zahlenmagischen Gesichtspunkten konstituierte Kosmologie soll vor einer Kollision mit der Realität geschützt werden; so kommen Merkur und Venus zu ihren gleichtönenden Sphären. Ich vermute daher, daß der Zusatz »in quibus eadem vis est duorum« eine ad-hoc-Erklärung ist und als ein Versuch aufzufassen ist, den musikalischen Archetypus vor Widerlegung durch die Erfahrung zu schützen.

Wenn aber Erfahrungen nicht in ein System passen, dann ist das System selbst fragwürdig. Jeder Versuch, die Erfahrung an ein System zu akkomodieren, kann man als scholastische Strategie bezeichnen, als ein Verfahren der Rechtfertigung durch pseudorationale Mittel oder – wie in unserem Beispiel – durch eigens zu diesem Zwecke erfundene Sonderhypothesen (Macrobius beruft sich recht vorsichtig auf »nonnulli astronomiae studentes«). Ein gutes Beispiel für dieses Verfahren ist die Epizyklentheorie der alten Astronomen, die es ermöglichte, das alte Weltsystem lange Zeit vor einer Widerlegung durch die Erfahrung zu schützen.

Fragt man nach der Herkunft und der Funktion des musikalischen Sphärenmodells, so kommt man zu folgenden Feststellungen.

Der Kosmos wird nach einer vertrauten, moralisch und ästhetisch befriedigenden Analogie gedeutet als eine harmonisch durchwaltete Einheit. Dieses Modell ist sicher nicht sehr alt. Es setzt die Entdeckung der mathematischen Beziehung zwischen der Saitenlänge und der Tonhöhe voraus und ist im Umkreis der pythagoreischen Schule entstanden. Die konventionelle Siebenzahl der Planeten und die magisch-normative Kraft der heiligen »heptas« stützen die Analogie. Der Vorgang der Übertragung läßt sich noch rekonstruieren: Zunächst wird die sieben-saitige Lyra mit ihrer Klangfülle in die Strukturen des Weltalls projiziert; der auf diese Weise technomorph-musikalisch gedeutete und gewertete Kosmos wird als Erzeuger der »eigentlichen« archetypischen Harmonie angesehen, die auf das irdische Musikinstrument rückprojiziert wird, von dem doch die Übertragung ihren Ausgang nahm. So wird die irdische Lyra zum Abbild des kosmisch-musikalischen Urbildes. (λύρα ἑπτάχορδος εἰκὼν κόσμου formuliert es Theon von Smyrna, ein platonisierender Mathematiker des 2. nachchristlichen Jahrhunderts; Saitenspiel und Gesang ahmen mit irdischen Mitteln das himmlische Vorbild nach (»nervis et cantibus imitati« im Somnium)[73].

Durch den Nachweis einer Wechselbeziehung zwischen dem normativparadigmatischen Makrokosmos und der normempfangenden imitativen Menschenwelt[74] ordnet der Autor des Somnium die römische Politik und die den Staat tragenden Führergestalten in einen kosmischen Normzusammenhang ein. Der Blick in die erhabenen Sphärenräume weist die Bürger auf ihre Wesensbestimmung hin und motiviert unser aller Engagement für das »munus assignatum a deo«. Durch die himmlische Symphonie werden wir angehalten, auf Erden die Harmonie der politischen Gemeinschaft zu verwirklichen: Dem himmlischen »concentus« entspricht die »concordia« auf Erden. Die Ehrfurcht vor der Sternenharmonie soll sich schließlich auf die großen Staatenlenker übertragen, die ja nach Erfüllung ihrer politischen Aufgabe in die astralen Räume zurückkehren. Das Somnium Scipionis hat eine politisch-ethische, eine protreptische Funktion, die in dem Satz zusammengefaßt ist: »Iustitiam cole et pietatem«.

Die Faszination des Somnium wird von den Kommentatoren gesehen und gerühmt, doch vermisse ich kritische Hinweise auf die Pragmatik die-

---

[73] Zu Theon von Smyrna vgl. Richard Harders Kommentar; Atzert im Schulkommentar zu De rep. (Münster/Westf.) S. 116.
[74] Vgl. die grundlegenden Untersuchungen von Ernst Topitsch, vor allem in seinem Buch Vom Ursprung und Ende der Metaphysik, zum soziokosmischen Weltbild.

ses soziokosmischen Entwurfes[75]. Wir sollten z. B. nicht versäumen, unsere Schüler auch auf den ideologischen Aspekt der sieben-tönenden Sphärenharmonie und auf die pragmatisch-funktionale Verwendung des geozentrischen Weltbildes durch Cicero aufmerksam zu machen, auch auf die vermeintliche Gefahr hin, daß dieser vernunftkritische Einbruch in die »Harmonicē mundi« zu einer »Entseelung« des Kosmos führe und so zur »gemüthaften Verarmung« unserer Jugend beitrage. Die Lektüre des Somnium darf nicht zur Legitimierung irgendeiner Form sakraler politischer Ehrfurcht dienen. Die Eschatologie des Somnium, die soziokosmische Deutung der Wirklichkeit, mag emotional und ästhetisch, vielleicht auch ethisch beglückend empfunden werden. Dabei dürfen wir aber nicht außer acht lassen, daß dieser Entwurf infolge seiner pragmatischen Tendenzen, die leicht übersehen werden, durchaus kritisierbar ist, da er nicht nur Ehrfurcht vor der Größe und Schönheit des Universums wecken soll, sondern diese Ehrfurcht auf den politisch-gesellschaftlichen Bereich übertragen wissen will. Für uns fallen aber diese beiden Bereiche grundsätzlich auseinander. Ehrfurcht können wir angesichts des sternenerfüllten Weltalls durchaus empfinden; vor politischen Gegebenheiten aber können wir nicht auf unsere kritische Vernunft verzichten. Wir müssen den Mut haben zuzugeben, daß eine Beziehung normativer Art zwischen den Strukturen des Kosmos und der politischen Welt des Menschen für uns nicht mehr denkbar ist. Wir sind dabei von einer geistigen Tradition getragen, die in die Zeit der großen griechischen Aufklärung (5.—4. Jahrhundert ante) zurückreicht, als deren Repräsentanten Demokrit (Atomismus), Sophistik (Nomos-Physis-Spekulation) und Thukydides (wertirrationale Geschichtsschreibung) genannt seien[76].

---

75 Z. B. Atzert in seinem Kommentar S. 109: »Die römische Weltherrschaft ist gottgewollt, ihre Gestalter und Vollender handeln in göttlichem Auftrag.« S. 130 u. a.: »Niemals hat ein Römer, auch kein Grieche, selbst Platon nicht, Staatsdienst so geadelt als wahren Gottesdienst.« – Es fehlt jeder Hinweis auf die Problematik von Ciceros Staatsmetaphysik; die Pragmatik eines Textes ist für hermeneutische Einfühlung nicht faßbar.
76 Daß kosmologische Hypothesen, die auf Wertvorstellungen beruhen, wissenschaftsgeschichtliche Bedeutung haben können, indem sie die Voraussetzungen für neue Theorien schaffen, zeigen die Keplerschen Gesetze. Ausgangspunkt für Keplers Entdeckungen ist der Satz: »Alle Planetenbahnen sind Kreise«. Diese Aussage ist durch Wertvorstellungen mitkonstituiert, denn Kreis und Kugel sind die vollkommensten Formen (pythagoreisch-platonische Tradition). Obgleich Kepler, wie das zweibändige Herderlexikon schreibt, »Vertreter einer von lebendigem Gottesglauben erfüllten Naturanschauung« war (– insofern also ein Geistesverwandter des Autors unseres Somnium –), hat er es gewagt, durch das negative Ergebnis seiner Berechnungen, die Kreishypothese zu falsifizieren. Das 1. Keplersche Gesetz: »Die Planetenbahnen sind Ellipsen, in deren einem Brennpunkt die Sonne steht« hat die Kreisbahnhypothese zur Voraussetzung, deren hoher Informationsgehalt und leichte Falsifizierbarkeit eine spätere Korrektur an den Fakten überhaupt erst ermöglichte. Kepler war allerdings bereit, den korrekturbedürftigen Satz zu widerlegen, obwohl er um dessen ästhetische und ethische Bedeutung wußte, und dazu entschlossen, die »Phänomene rettend durchzuhalten« und nicht die alte Theorie durch konservierende Strategien zu stützen. (Vgl. K. R. Popper, Logik der Forschung, Tübingen '66, Kap. VI, Abschn. 39: Die Dimension einer Kurvenklasse.) Sicherlich ist Cicero kein Wissenschaftler, das Somnium keine naturwissenschaftliche Hypothese, doch zeigt gerade der Kontrast zu Kepler noch einmal deutlich, daß für den römischen Philosophen die Wirklichkeit der außermenschlichen Physis nur funktional erlebt wird, daß sie adaptiert werden muß, um wertvoll zu sein.

V.

Der autokinetische Seelenbeweis (Seele als Prinzip der Selbstbewegung) – seine Herkunft und Leistung; kritische Beurteilung.

Das Seelenmodell des Somnium Scipionis ist dem platonischen Phaidros entnommen. Cicero übersetzt Phaidros 245 C ff. und baut diesen Beweis in seinen Kontext ein. In dem genannten Dialog entwickelt Platon einen dynamisch-universalen Seelenbegriff: Seele als autokinetisches Prinzip des Kosmos.
Bevor wir auf diese Seelenvorstellung näher eingehen, sind einige Vorfragen grundsätzlicher Art zu klären; sie betreffen die Eigenart der antiken Seelenvorstellungen. Die Komplexität der Impulse und Lebensäußerungen, die wir in dem vieldeutigen Begriff »Seele« zusammenzufassen pflegen, entzieht sich einer eindeutigen Darstellung oder systematischen Erfassung. Die antiken Denker versuchten daher, die Quelle oder die Quellen seelischen Erlebens zu ermitteln, indem sie sich verschiedener Analogien aus anderen, vertrauteren Lebensbereichen bedienten oder Einzelaspekte des vielschichtigen Phänomens zu erfassen versuchten, die sie als Substanzen oder Prinzipien auffaßten, also hypostasierten. Dabei wurden in der griechischen Sprache, vor allem in der Sprache des Epos, vorgegebene Ausdrücke für seelische Potenzen verwendet, geordnet, systematisiert und rationalisiert.
Über die grundsätzliche Scheidung zwischen der Totenseele, die ihren Ursprung in einer emotional-ideologischen Einstellung hat und infolgedessen religiös-soziale Funktionen erfüllt (– Unsterblichkeit; Ahnenkult; Kult der »maiores« als der Träger der Tradition –) und der Vitalseele, deren begriffliche Sonderung einer erkenntnisnäheren Einstellung entspricht, die also Ansätze zu einer empirischen Psychologie bietet, sind die Ausführungen von Hans Kelsen heranzuziehen[77]. Der angedeutete kulturanthropologische Seelendualismus findet sich bei Homer in dem Gegensatzpaar »Psyche« und »Thymos« wieder[78]. Freilich existieren im Epos verschiedene seelische Kraftzentren nebeneinander (θυμός, φρένες, καρδίη, νοῦς), ohne daß ihre Funktionen eindeutig abzugrenzen sind. Dieser seelische Kräftepluralismus stellte ein durchaus angemessenes Erklärungsmodell für die seelische Realität dar, zumal im alten Epos der sog. »Götterapparat«

---

[77] Hans Kelsen, Aufsätze zur Ideologiekritik, Soziologische Texte Bd. 16, Luchterhand Verlag 1964, herausgeg. v. E. Topitsch, bes. der Aufsatz »Seele und Recht« S. 56 ff.
[78] Streng genommen ist nicht »Thymos« die Antithese zu »Psyche«, sondern das Selbst, der lebende Mensch, vgl. das Prooimion der Ilias: ... ψυχὰς Ἄϊδι προΐαψεν, αὐτοὺς δὲ ἑλώρια τεῦχε κύνεσσιν ...

psychologische Funktionen erfüllt und menschliches Handeln motivieren hilft[79]. Die Reduktion dieses seelischen Kräfteaggregates zu einem »Seelenmonismus« (durch Kombination von Vital- und Totenseele), wie er für die späteren Seelenlehren bedeutsam wird, hatte weitreichende Folgen, die sich bereits in der frühgriechischen Lyrik feststellen lassen; die Auswirkungen der neuen Auffassung von der Seele als einer einheitlichen Erlebensbasis erstrecken sich bis in die Wortbildung. So wird z. B. in der Lyrik πολύφρων (quantitativ-extensive Komponente) durch βαθύφρων (qualitativ-intensives Kompositionsglied) ersetzt[80].

Andererseits wird durch Legierung mit der ursprünglichen Totenseele (Psyche) der gesamte seelische Bereich weitgehend tabuiert und damit einer unbefangenen empirischen Untersuchung entzogen (– man überdenke den Zeitraum zwischen der Schrift des Aristoteles περὶ ψυχῆς und den Forschungen Siegmund Freuds! –), während der homerische Kräftepluralismus Ausgangspunkt einer empirischen Psychologie hätte sein können[81].

Bevor wir nun das autokinetische Seelenmodell behandeln, sollen im Anschluß an die Untersuchungen von Ernst Topitsch drei Begriffe eingeführt werden; diese sollen uns behilflich sein, den Ort des autokinetischen Seelenprinzips näher zu bestimmen, indem wir es von anderen Seelenvorstellungen abgrenzen[82].

Topitsch unterscheidet biomorphe und intentionale Modellvorstellungen von der Seele. Die intentionalen Modelle lassen sich untergliedern in soziomorphe und technomorphe. Diese Ausdrücke seien kurz erläutert, soweit sie für unseren philosophiepropädeutischen Zusammenhang bedeutsam sind.

Biomorph sind alle Deutungen, in denen die Seele als Lebenskraft oder Lebensatem aufgefaßt wird (z. B. lat. »animus«, das Blut bei semitischen Völkern als Sitz des Lebens). Leben gilt als die Ausdrucksform von »Seele«, alles Lebendige ist demnach beseelt; »Sitz« dieser Seele ist das Element (spiritus; Blut) oder Organ (Herz), das die Lebensfunktionen garantiert.

Intentional sind alle Seelenvorstellungen, die auf Ordnung und planende

---

79 Man vgl. das eindrucksvolle Beispiel Il. I 188 ff.: Entscheidung des Achilleus zur Selbstbeherrschung wird durch das Eingreifen der Athene motiviert: διάνδιχα μερμήριξεν ... ἦλθε δ' Ἀθήνη ... ξανθῆς δὲ κόμης ἕλε ... ἣ καὶ ἐπ' ἀργυρέῃ κώπῃ σχέθε χεῖρα βαρεῖαν.
80 Man vgl. die bekannten Ausführungen von Bruno Snell in »Die Entdeckung des Geistes«.
81 Inwieweit der Begriff einer »vorwissenschaftlichen Wissenschaft« (der Ausdruck stammt von dem Indologen Oldenberg) für die empirienahe Wirklichkeitsauffassung Homers zutreffend wäre, könnte eine Untersuchung lohnen.
82 Vgl. vor allem: E. Topitsch, Vom Ursprung und Ende der Metaphysik; ders.: Die platonisch-aristotelischen Seelenlehren in weltanschauungskritischer Beleuchtung, in: Sitzungsberichte der Österr. Akad. d. Wissensch. Philos.-hist. Klasse, 233. Bd., 4. Abhandlung, Wien 1959; ders.: Seelenglaube und Selbstinterpretation, in: Soziol. Texte Bd. 10 (Sozialphilosophie) S. 181 ff.

Absicht angelegt sind. Dabei sind zwei Untergliederungen bedeutsam; nach *soziomorpher* Deutung eignet dem Seelischen ein soziales Ordnungsgefüge. In diesem Fall ist die Seele ein nach dem Modell der Familie, des Oikos, der Polis, gegliedertes hierarchisches Ganze (z. B. die platonischen Seelenteile) und untersteht einer Rechts- und Sozialordnung (Sühne- und Vergeltungsbegriff sind hierfür bezeichnend; die Seele gilt als metaphysische Rechtsperson und als Normadressat; der Zusammenhang mit der sog. »Totenseele« ist unverkennbar).

Auf der anderen Seite kann die Seele als Architekt des Leibes verstanden werden, als Formkraft, als Durchformungsprinzip im Stoff. In diesen Zusammenhang gehören die sogenannten *technomorphen* Seelenvorstellungen; sie gehören nicht mehr einer elementaren Deutungsebene an, sondern setzen eine Kulturstufe voraus, in der über den künstlerischen Arbeitsprozeß und über technologische Fragen bereits reflektiert wurde. Der klassische Ausdruck dieses Modells ist die Auffassung von der Seele als der Entelechie des Körpers (Aristoteles).

Demgegenüber kommt dem autokinetischen Seelenmodell eine Struktur zu, die ich – nach ihrer charakteristischen Komponente – »*kosmomorph*« nennen möchte: Kosmisch-astrale Vorgänge gelten als Archetypen für seelische Prozesse[83].

Bereits Alkmaion (um 500 ante), der berühmte Arzt, Anatom und Physiker aus dem Umkreis der Pythagoreer, entwickelte dieses Modell. Wir gehen deshalb bewußt noch über Phaidros und Somnium hinaus und ziehen die Testimonia über Alkmaion hinzu, die bei Diels-Kranz unter A 12 zusammengefaßt sind[84]. Dabei setzen wir für unsere Untersuchung voraus, daß die konventionelle Textinterpretation des Somnium im Unterricht abgeschlossen ist, daß die Platonstelle (Phaidros 245 C ff.) und die Alkmaionbelege der Arbeitsgruppe zur Verfügung stehen und besprochen sind.

Drei Aspekte unseres Seelenmodells bilden den Gegenstand dieser Untersuchung.

1. Wir versuchen, das autokinetische Seelenprinzip durch Rekonstruktion der Bedingungen seiner Entstehung zu erfassen. Wir fragen nach den – möglicherweise komplizierten – Strukturen, die vorliegen müssen, damit dieses Modell überhaupt konzipiert werden konnte. Im Verlaufe dieser Strukturuntersuchungen werden wir den ungeprüften Voraussetzungen, sprachlichen Vorentscheidungen, Äquivokationen und Assoziationen nachzugehen haben, die unser Modell bedingen. (Ausgangspunkt ist die Frage: wieso denkbar?)

---

83 Zum Begriff des Archetypus vgl. man M. Eliade, Kosmos und Geschichte, rde 260.
84 Diels-Kranz A 12; Quellen sind: Aristoteles, Clemens Alexandrinus, Aetios

2. Frage nach der Funktion dieser Seelenvorstellung, wobei die pragmatische Dimension zu untersuchen ist. (Ausgangspunkt ist die Frage: warum gedacht?)
3. Der anthropologische Aspekt: Zusammenhang dieses Modells mit der Erlebniswelt des Kindes und Ausblick auf andere mythisch-religiöse Vorstellungen verwandter Art.

1.

Die Problematik des autokinetischen Seelenmodells; Versuch einer Rekonstruktion seiner Genese.

1. Das Modell beruht auf einer richtigen Ausgangsbeobachtung: Autokinese ist ein wichtiges Kriterium des Lebendigen, freilich neben anderen Kennzeichen (Irreversibilität der Vitalvorgänge, Stoffwechsel, Fortpflanzung und andere). Indem *ein* wichtiger Aspekt des Lebens erfaßt und unreflektiert als das Ganze genommen wird (– gewissermaßen eine Fixierung »partis pro toto« –), wird eine essentialistische Deutung des Lebensprinzips »Bewegung« erreicht: Das Wesen des Lebendigen *ist* nach dieser Auffassung Selbstbewegung, eine Vorstellung die bei Aristoteles in der Formulierung: ὁ βίος ἐν τῇ κινήσει ἐστίν klassischen Ausdruck findet. Identität von Leben und Bewegung wird so zum tragenden Axiom des Seelenbeweises. Es ist nicht eine Definition neben anderen möglichen, sondern für griechisches Denken die Definition des Lebens schlechthin. Grundsätzlich sei hier noch festgestellt, daß »Essentialisierung« eine Erweiterung des möglichen Erfahrungshorizontes verhindert; wenn der Satz gilt: Leben ist Bewegung (Wesensaussage), dann ist keine Korrektur dieses Satzes durch neue Erfahrung möglich, ohne daß gegen die Definition, die als endgültige Festlegung verstanden ist, verstoßen wird.
2. Man kann annehmen, daß die Entdeckung der Eigenmotorik als Erkenntnisproblem von der Beobachtung lebender Wesen ausging (– zielstrebige Bewegung Erwachsener; herumtollende Kinder oder Haustiere –). Dabei wurde Autokinese als eine Art »Innenlenkung« interpretiert, als Eigensteuerung durch eine innere, unsichtbare Quelle der Bewegung.
3. Autokinese – als ein Phänomen der Biossphäre – wird nun infolge einer sprachlichen Äquivokation auf die Himmelsbewegungen übertragen: Biomorphe Deutung der Sternbewegungen. Diese Übertragung hat die folgende Schlußfolgerung zur Voraussetzung:

wenn A (= Autokinese)   = L (Leben)
und S (= Sterne)   = A (autokinetisch), dann gilt:
     S (= Sterne)   = L (lebendig, Lebewesen,
                                Träger der Lebenssubstanz).

4. Der Ausdruck »Autokinese« ist aber äquivok, also unbestimmt. Die Dihärese dieses Begriffes ergibt:
Autokinese I = spontane, irreguläre, »unberechenbare« Eigenbewegung des Lebendigen, ohne äußeren Impuls.
Autokinese II = regelmäßige, berechenbare Sternbewegungen (rekurrente Systeme als ein Sonderfall).
Die entsprechende begriffliche Scheidung wurde vom antiken Denken nicht vorgenommen.

5. Sternbewegungen haben aber für den Beobachter – im Gegensatz zu den Bewegungsformen der Biossphäre – zwei entscheidende Charakteristika:
   a) sie sind regelmäßig (über diesen Ausdruck und seine werthafte Bedeutung später);
   b) sie sind – vom Standpunkt menschlicher Beobachtung aus – ewig.

6. Da Sterne sich auf ihren Bahnen kreisend bewegen, Bewegung aber Leben ist, gilt folgender Satz: Sterne haben ewiges Leben.

6. a) Eine Prädizierung der Sternbewegungen als »ewig« ist unwissenschaftlich, da diese Aussage nicht durch Beobachtung gewonnen wurde oder durch Erfahrung überprüft werden kann. Das Axiom »Sterne leben ewig« hat metaphysischen Charakter und ist eine apriorische Setzung.

7. Sternbewegungen vollziehen sich für den irdischen Beobachter ohne sichtbare äußere Impulse, sie gelten deshalb als ursachlos. Weil sie – so wird geschlossen – den Ursprung ihrer Bewegung in sich selbst tragen, unterstehen sie keiner mechanisch wirkenden Ursächlichkeit (Anankē); sie bewegen sich infolge einer immanenten Bewegungsintentionalität.

7. a) Ein Erklärungsversuch mit dem Begriffspaar »innerlich-äußerlich« versagt gegenüber astralen Vorgängen, da es nur innerhalb eines biomorphen Kontextes sinnvoll ist, von einer Bewegung zu sprechen, die aus dem Inneren kommt. Mit dem – freilich nicht unproblematischen – Begriff »Kraftfeld« können wir heute den entsprechenden Wirklichkeitsbefund angemessener beschreiben.

8. Weil für biomorphe Deutung die Steuerung der Sternbewegungen aus dem Innern der Himmelskörper stammt, ist diese Innenlenkung Wesensausdruck der bewegten Phänomene, insofern diese Phänomene Äußerungen einer Lebenskraft sind. Weil aber nur das Autokinetische sekundäre, mechanische Bewegungsimpulse austeilen kann, ist Autokinese die Archē aller Fremdbewegung. (Man denke an den kleinen Hund, der mit dem Ball spielt, oder an den Billardspieler, der den Kugeln gezielte (intentionale) Bewegungsimpulse gibt.) Alle mechani-

sche Sekundärbewegung geht demnach für eine biomorphe Deutungskonzeption auf intentionale Steuerung durch Selbstbewegtes zurück.

9. Zwischen beiden Vorstellungsreihen:
a) vitale Autokinese durch intentionale Innensteuerung, und
b) ewige und regelmäßige Astralbewegung
finden nun im Bewußtsein derer, die im Zirkel dieser Argumentationsstruktur stehen, Interferenzen statt, die sich – stark vereinfacht – folgendermaßen rekonstruieren lassen:

a) Bewegungsspontaneität und Intentionalität (Absichtlichkeit, zweckmäßige Gerichtetheit) als Charakteristika der Vitalsphäre werden durch biomorphe Interpretation auf die Sterne übertragen; dadurch werden die Sterne zu Trägern der Lebensbewegung und der Intentionalität.

b) Ewigkeit und Regelmäßigkeit der Bewegungen werden von diesem lebendig konzipierten Makrokosmos aus auf die Welt der »animalia« zurückgestrahlt. Dabei werden Lebensbewegung und Astralbewegung nicht als analoge, sondern als letzten Endes homogene Vorgänge verstanden, entsprechend der äquivoken Verwendung des Begriffs der Bewegung. Die Biossphäre liefert gewissermaßen Spontaneität und Lebendigkeit, die kosmomorphe Re-flexion stattet – sekundär – das Lebendige mit dem Prädikat »ewig« aus und konkretisiert sich in der Forderung nach »Regelmäßigkeit« des Bios, d. h. aber: nach ethischer Lebenshaltung. Da nämlich die Betrachtung des Sternenhimmels einen Zusammenhang zwischen (beobachteter) Regelmäßigkeit der Bewegungen und (angenommener) Ewigkeit der Gestirne nahezulegen scheint, suggeriert ein Vergleich mit irdischer Vitalbewegung folgenden Schluß: Wenn »regelmäßig« und »ewig« einerseits, »irregulär« und »vergänglich« andererseits zusammenhängen, dann läßt sich die Ewigkeit der Sterne als Ausdruck ihrer Regelmäßigkeit verstehen und die Vergänglichkeit des homo mortalis und der animalia als Folge irregulärer, d. i. unordentlicher, also unsittlicher Bewegungen begreifen.

10. Da Autokinese, als Quelle jeder Fremdbewegung, Bewegungsprinzip ist, Bewegung sich aber als Äußerung von »Seele« darstellt (Seele demnach als Instanz der Innenlenkung), ist Autokinese das Prinzip des Seelischen. Demnach waltet im Makrokosmos und im Mikrokosmos Seele als Prinzip der Lebendigkeit. Seele ist Ursache aller makro- und mikrokosmischen Selbstbewegung.

11. Da die Sternbewegungen ferner (nach 5 a) regelmäßig sind, können sie mit der Prädizierung »kalon« beurteilt werden; infolgedessen strahlen sie ethische Vorbildlichkeit aus. (Sternbewegungen sind regel-

mäßig, also berechenbar, also vernünftig und sinnvoll, denn in ihnen drückt sich »logos« aus.)

12. Da nun diese Bewegungsregularität für die Sterne charakteristisch ist, ist die »Logos-Konzentration« im kosmischen Bereich wesentlich höher als in der Biossphäre mit ihren – bes. bei den Tieren – willkürlichen, »fahrigen«, irregulären, d. h. aber: normwidrigen und »gesetzlosen« Bewegungen.

12. a) Dieser Schluß wird nur durch typische sprachliche Äquivokationen und Ungenauigkeiten ermöglicht. Indem zwischen Naturgesetzen, die für die Sterne gelten (– nomologischen Hypothesen –) und moralischen Gesetzen der menschlichen Gesellschaft nicht unterschieden wird, können die Sterne als Normträger (oder Normadressaten) aufgefaßt werden; ihre regelmäßigen, d. i. gesetzmäßigen und vernünftigen, Bewegungen sind exemplarisch für ein gesetzmäßiges, d. h. aber legales, menschliches Verhalten. Dabei wird nur nicht beachtet, daß »regelmäßig« ein Wertprädikat ist, wenn es auf die gesellschaftlichen Verhältnisse angewendet wird; wenn ich im Kosmos Regelmäßigkeiten feststelle, dann handelt es sich um physikalische Gleichförmigkeit, nicht aber um ein legales und normkonformes Verhalten der Sterne.

Bei einer soziokosmischen Deutung des Universums, wie sie für eine archaische Ontologie charakteristisch ist, ist aber Regelmäßigkeit ein Normbegriff: Die Natur untersteht einer kosmischen Rechtsordnung. »Die Sonne wird ihre Maße (metra) nicht überschreiten; sonst werden sie die Erynien, die Helferinnen der Dikē, ausfindig machen«, heißt es in dem berühmten 94. Fragment des Heraklit. »Die Dinge (ta onta) geben einander Strafe und Buße für ihre Ungerechtigkeit gemäß der Ordnung (taxis) der Zeit«, lautet das älteste Zitat eines griechischen Philosophen (Anaximander, 1. Fragment).

13. Sternbewegungen sind somit vorbildlich für ein vernünftiges und moralisches Leben. Da Regelmäßigkeit Ewigkeit garantiert, gewährt die Nachahmung der archetypischen »Legalität« der Sterne Anteil am ewigen Leben in astralen Räumen. Nur ein »kosmisches« Leben ist regulär, und nur Regelmäßigkeit verleiht Ewigkeit. Im Hinblick auf die ewigen Sterne kann also der Mensch das »munus assignatum a deo« erfüllen.

Fassen wir zusammen:
Die Struktur des autokinetischen Seelenmodells läßt sich als Durchdringung (Überschichtung) zweier Denkbewegungen begreifen. In der Sternenwelt entdeckt man Bewegungskontinuität und Ewigkeit, im biologischen und humanen Bereich stellt man Bewegungsspontaneität und Leben-

digkeit fest. In beiden Bereichen glaubt man »Selbstbewegung« vorzufinden, die sich biologisch als Lebendigkeit äußert. So wird die ewige und gesetzmäßige, autokinetische Lebendigkeit der Sterne zum göttlich-unvergänglichen Vorbild für alle menschlichen Lebensbewegungen, deren mögliche Schönheit und Ordnung im astralen Modell vorgeprägt ist. In einem für wertmetaphysisches Denken typischen Zirkelanschluß wird zuerst der Himmel *biomorph* belebt und rückwirkend die Biossphäre *kosmomorph* geadelt. Die gleiche soziokosmische Deutungsstruktur liegt noch dem Ausspruch Kants zugrunde, nach dem »der gestirnte Himmel über mir« dem »moralischen Gesetz in mir« entspricht.

Ermöglicht wird die autokinetische Seelenvorstellung durch folgende semantische Unzulänglichkeiten, die sich durch einfache sprachlogische Überlegungen aufdecken lassen:

1. Äquivoke Verwendung des Begriffs der Bewegung (Kinesis).

2. Den Sternbewegungen wird das Prädikat »ewig« zuerkannt.

3. Weder wird zwischen Naturgesetz und normativem Gesetz unterschieden, noch zwischen physikalischer und gesellschaftlicher Regelmäßigkeit des Verhaltens. Aus empirischer Beobachtung zugänglichen Fakten (Sternbahnen) werden Normen für das ethische Verhalten in der Gesellschaft abgeleitet.

2.

Der Versuch einer Strukturanalyse hat uns bereits wichtige Gesichtspunkte zur Beurteilung der autokinetischen Seelenvorstellung gegeben. Da die pragmatische Dimension eines Textes den gesamten Anwendungsbereich umfaßt, also sämtliche Beziehungen zwischen einem Text und seinen Benutzern einschließt, begnügen wir uns damit, einzelne charakteristische Grundlinien herauszuarbeiten und die Leistungsfähigkeit dieses Seelenmodells zu umreißen, ohne die kontextbezogenen Sonderfunktionen, die bes. für Phaidros und Somnium gelten, detailliert darzustellen. Unsere Zusammenfassung ergibt folgende Gruppierung:

a) Die kosmomorphe Re-flexion auf den Menschen ermöglicht einen Beweis für die Unsterblichkeit und Ewigkeit der menschlichen Seele, da die – scheinbar ursachlose – Vitalbewegung durch das himmlische Modell als ewig gedeutet werden kann.

b) Die Ewigkeit der menschlichen Seele wird freilich an eine Bedingung geknüpft, die für die Ewigkeit der Astralbewegung grundlegend ist: Nur wenn die menschliche »Kinese« sich in regelmäßigem und legalem Handeln entfaltet, kann Teilhabe an der Ewigkeit der Sternbewegungen garantiert werden.

c) Damit erfüllt das Seelenmodell eine ethisch-protreptische Funktion. Durch Betrachtung der regelmäßig-schönen und ewigen Sternbewegungen fühlt sich der Mensch aufgefordert, in Analogie zur »Legalität« und Ordnung der Sternenwelt den menschlichen Kosmos, d. h. sich selbst und die politische Gemeinschaft, gesetzmäßig zu ordnen, die kosmische Ordnung nachgestaltend zu verwirklichen. Dadurch entwickelt der Mensch die »ewigen« Kräfte seiner Seele, die ihm eine Rückkehr in den stellaren Raum nach Bewährung in der politischen Welt ermöglichen.

d) Eng mit der ethischen Funktion ist eine politische Stabilisierungsfunktion verbunden. Indem das himmlische Vorbild Regelmäßigkeit und Ordnung »ausstrahlt«, kann es wirksam dafür eingesetzt werden, um die bestehende irdische Ordnung zu garantieren und zu stabilisieren, denn die Himmelsbewegungen vollziehen sich in unveränderlicher Gleichförmigkeit und Regelmäßigkeit.

e) Der Glaube an diese soziokosmische Beziehung, an die Vorbildlichkeit des »gestirnten Himmels über mir«, weist uns auf die ästhetisch-kontemplative Komponente unseres Modells hin. Wir können daher auch von einer erbaulichen Funktion der Sternbewegungen sprechen. Sie bestimmt nicht nur die »Texttemperatur« im Somnium Scipionis, sondern prägt auch den zitierten Ausspruch Kants.

Der Anwendungsbereich der psycho-kosmischen Beziehung unseres Modells läßt sich also vereinfacht in fünf Punkten zusammenfassen:
1. Fundierung eines Seelenbeweises.
2. Paradigmatische Funktion: Regelmäßigkeit als Zielpunkt menschlichen Handels.
3. Ethisch-protreptische Funktion.
4. Politische Stabilisierungsfunktion.
5. Kontemplativ-erbauliche Funktion.

3.

Die Auffassung, daß Bewegung Ausdruck des Lebendigen ist und daß Seele Ursprung und Quelle aller Selbstbewegung sei, stellt sich als ein Grundzug archaischer Ontologie heraus. Im Griechischen können wir beobachten, daß diese Vorstellungen bereits bestimmten Wendungen der epischen Sprache zugrundeliegen. Man denke an Formeln wie: γούνατ' ὀρώρει – γούνατα λύει – πολλῶν τε καὶ ἐσθλῶν γούνατ' ἔλυσεν – λύτο γούνατα καὶ φίλον ἦτορ und andere. Thales und Alkmaion formulieren expressis verbis den Zusammenhang zwischen Lebensseele und Bewegungsprinzip. Die Gleichung: »Seele=Lebenskraft=Bewegungsprinzip« bleibt konstitutiv für das griechische Denken von Platon und Aristoteles bis zur

Areopagrede des Paulus in der Apostelgeschichte (ἐν αὐτῷ γὰρ ζῶμεν καὶ κινούμεθα καὶ ἐσμέν) und weiterhin. Zahlreiche Belege für diesen Deutungszusammenhang findet man in Eduard Nordens »Agnostos Theos«[85].

Auf Thales sei in diesem Zusammenhang noch hingewiesen, da er als erster die Seele ausdrücklich als Bewegungsprinzip versteht und die außermenschliche Wirklichkeit von diesem Seelenbegriff her deutet[86]: A 22. (Diels-Kranz): ἔοικε δὲ καὶ Θ., ἐξ ὧν ἀπομνημονεύουσι, κινητικόν τι τὴν ψυχὴν ὑπολαβεῖν, εἴπερ τὸν λίθον ἔφη ψυχὴν ἔχειν ὅτι τὸν σίδηρον κινεῖ.

Während für Alkmaion Sterne deshalb göttliches Leben haben, weil sie sich συνεχῶς bewegen, sieht Thales umgekehrt in der Fähigkeit, Bewegung hervorzurufen, ein Kennzeichen der Lebenskraft, die von der »Seele« des Magnetsteines ausgeht; dieser Stein ist also ἀκίνητον und κινοῦν gleichzeitig. Die Anziehungskraft wird von Thales anthropomorph und intentional gedeutet und als beabsichtigtes An-sich-Heranziehen aufgefaßt, wodurch der geheimnisvolle Stein Seele und somit Leben besitzt.

Autokinese im Sinne des Alkmaion als Wesensbestimmung des Lebendigen läßt sich auch ontogenetisch nachweisen, im kindlichen Weltbild. Schon lange hat man erkannt, daß Kinder die Welt der Dinge lebendig machen, daß sie »tote« Gegenstände lebendig empfinden, und zwar nicht nur Puppen und Steiftiere, sondern auch Naturvorgänge, wie Wolken und Wind, oder kinetische Objekte, wie Auto, Flugzeug, Eisenbahn, Fahrrad und andere. Für diesen Zusammenhang sind die Untersuchungen über das kindliche Weltbild aufschlußreich, die wir dem französischen Psychologen den spekulativen Entwürfen großer Denker zugrunde liegt und – in abgesuchungen ist die Frage, »si telle croyance« (gemeint ist der Glaube des kindlichen Weltbildes) est simplement empruntée par l'enfant aux adultes, par imitation passive, ou si elle est en partie le produit de la structure mentale de l'enfant« (Introduction p. XLIII). Wenn letzteres zutrifft, was Piaget durch Anwendung bedeutsamer Kriterien jeweils prüfend feststellt, dann finden wir ontogenetische Parallelen bei Kindern des 20. Jahrhunderts zu den Vorstellungen eines vorphilosophischen archaischen Weltbildes, das – in rationalisierter und stilisierter Ausprägung – den spekulativen Entwürfen großer Denker zugrunde liegt und – in abgeblaßter Form – teilweise noch in unserer Zeit wirksam ist.

Kapitel VI dieses Werkes trägt die Überschrift: Le concept de vie. Im 3. Abschnitt begegnen wir einem Knaben, der auf die Frage: Qu'est-ce que c'est être vivant? die Antwort gibt: C'est bouger tout seul. Das Leben wird

---

85 E. Norden, Agnostos Theos, 4. unveränderte Aufl. Darmstadt 1956.
86 Über den Magnetstein: Demokrit, A 165 D
87 Jean Piaget, La représentation du monde chez l'enfant. Paris 1947, Presses Universitaires de France.

autokinetisch definiert. Ein anderer Junge von fast 9 Jahren teilt das Prädikat »lebendig« den Sternen und Wolken, dem Mond und dem Wasser zu, mit der Begründung, daß sie hingehen können, wohin sie wollen. Bei einem dritten Jungen gehört auch das Feuer in diese Reihe. Ein Junge von 8½ Jahren denkt bereits differenzierter; er lehnt es ab, die Wolken als lebendig zu bezeichnen, weil sie sich nicht selbständig bewegen können, sondern vom Wind gestoßen werden; aber der Wind ist lebendig, denn »il marche tant qu'il veut«.
Die Beobachtungen von Piaget werden durch den ethnolinguistischen Befund bestätigt. Wir lesen z. B. bei Whorf[88], daß in bestimmten amerikanischen Sprachen die Wolken zur »Lebewesenklasse« gehören, weil für das naturnah-kindliche Weltbild dieser Indianer Wolken, Winde und Wellen lebendige Gebilde darstellen. Naturprozesse gelten als Handlungsabläufe, in denen lebendige Kräfte sich betätigen. Die Sprachstruktur suggeriert sozusagen eine personifizierende Mythenbildung[89].

---

88 Benjamin L. Whorf, Sprache, Denken, Wirklichkeit, rde 174.
89 Die sozio-kosmische Struktur der mythischen Weltsicht kann man an einem Tragikerfragment deutlich aufzeigen. In einem Fragment aus den Danaiden des Aischylos (Frgm. 44 der Oxfordausgabe von Murray 1953) äußert sich Aphrodite folgendermaßen:

>   ἐρᾷ μὲν ἁγνὸς οὐρανὸς τρῶσαι χθόνα,
>   ἔρως δὲ γαῖαν λαμβάνει γάμου τυχεῖν·
>   ὄμβρος δ' ἀπ' εὐνάεντος οὐρανοῦ πεσὼν
>   ἔκυσε γαῖαν· ἡ δὲ τίκτεται βροτοῖς
>   μήλων τε βοσκὰς καὶ βίον Δημήτριον·
>   δενδρῶτις ὥρα δ' ἐκ νοτίζοντος γάμου
>   τέλειός ἐστι· τῶνδ' ἐγὼ παραίτιος.

Zunächst werden himmlisch-meteorologische Phänomene (Himmel; Regen) bio-soziomorph gedeutet (Liebesvereinigung; Himmel und Erde als Liebespaar), also das Liebeserlebnis aus dem Vitalbereich in kosmische Dimensionen projiziert. Der universale kosmische Eros wirkt dann – archetypisch überhöht – auf die individuelle menschliche Liebeserfahrung zurück und ordnet die menschliche Liebe in ein kosmisches Bezugssystem ein. Überhaupt erfahren diese Deutungsmodelle durch Transposition eine Steigerung ihrer Dynamik und normativen Kraft, weil sie durch den Projektionsvorgang universal werden.
Die gleiche Grundstruktur (Projektion aus dem Lebensbereich; Universalisierung; Rückanwendung auf die Realwelt) liegt auch bei Sentenzen und Gnomen vor: Gnomisches erwächst (ἔφυ) aus individueller Lebenserfahrung (πάθει); die Sentenz wirkt dann in Form einer abstrakten Handlungsanweisung (μάθος) auf diese spezielle Art von Erfahrung zurück.

VI.

Die Sonne und die Idee des Guten bei Platon
(Politeia 507 b – 509 b)

1. Schema der Grundbegriffe.

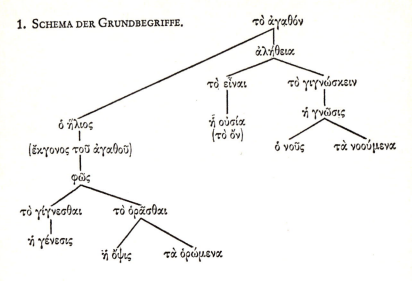

2. Erläuterungen.

a) Die Sonne (hēlios) ist Quelle des Lichtes (phōs). Licht ist Voraussetzung für den Sehakt (opsis) und für die sichtbaren Gegenstände (ta horōmena) in der phänomenal-empirischen Welt. Beide werden durch das Licht überhaupt erst ermöglicht: Licht ist »conditio sine qua non« für Sehorgan und Sehakt einerseits und für die Sichtbarkeit der Gegenstände andererseits.

b) (Sonnen)licht ist aber nicht nur Voraussetzung für die Sichtbarkeit der Dinge, es ist auch causa existentialis für die sichtbare Welt des Werdens und Vergehens (to gignesthai).

c) Die Sonne ist ein »Abkömmling« (ekgonos) des Urguten (to agathon). Hēlios baut sich sein Reich in Analogie zum Reich des Urguten.

d) Das Urgute ist Quelle der Wahrheit (alētheia), in deren Lichte das wahre Sein (to on) sich zeigt. Das Agathon ermöglicht die Leistungsfähigkeit der Vernunft (nous) und manifestiert sich in den einzelnen Erkenntnisakten der Vernunft. Das Urgute ist also »conditio sine qua non« für das Vernunftsorgan (und den Vernunftsakt) einerseits und für die Objekte der Vernunftserkenntnis (ta nooumena) andererseits.

e) Das Urgute ist aber nicht nur Ursache der Denkbarkeit der noetischen

Welt, sondern causa existentialis für die Objekte der Vernunftserkenntnis (Ideen).
f) Sehakt und sichtbare Welt sind »sonnenhaft«, sonnenbezogen (helioeides), weil sie durch die Sonne konstituiert werden.
g) Vernunftserkenntnis und Vernunftsobjekte sind »guthaft« (agathoeides), auf das Urgute bezogen, also wertvoll, weil sie durch das Urgute konstituiert werden[90].
h) Das Urgute als der »Vater« der Sonne ist Ursache für deren Existenz und Güte.
i) Also steht das Urgute indirekt – auf dem »Umweg« über die Sonne – in ursächlicher Beziehung zur phänomenalen Welt des Werdens, die sich »sub sole« ausbreitet.

3. Die Aporie als Ausgangspunkt einer Frage nach der Denkmöglichkeit (Struktur) dieser Wirklichkeitskonzeption.

Unser Befremden konzentriert sich auf zwei Aussagen:
a) Inwiefern ist die Sonne ein »Abkömmling« (ekgonos) des Urguten?
b) Inwiefern sind die Objekte des Erkennens »gut-haft«, also wertvoll? Wieso kommt allem, was wirklich »ist«, das Wertprädikat »gut« zu? Wieso ist also die Wahrheit gut?

4. Versuch einer Strukturbeschreibung.

I. Der Ausgangspunkt: ein Sonnenerlebnis – die Sonne spendet Licht und Leben.
1. Licht und Leben heben sich ab von der Erfahrung von Finsternis und Tod.
2. Licht und Leben werden positiv erfahren; sie sind gut.
3. Finsternis und Tod werden als beängstigend und schrecklich erlebt; sie sind demnach böse und schlecht.
4. Infolge ihrer doppelten Leistung ermöglicht die Sonne die Sichtbarkeit der Welt und die Welt des Sichtbaren; Helios hat aufweisende und kreative Funktion.
5. Helios – als Spender von Licht und Leben, die wir als wertvoll und gut erleben – ist Wert-Spender, d. h. Träger der Gut-Substanz[91].

---

90 Zur Begriffsbestimmung vgl. man Viktor Kraft, Die Grundlagen einer wissenschaftlichen Wertlehre, Wien 1951, S. 10 und 11. Nach Kraft muß man Werte und Wertträger (Wertvolles) streng auseinanderhalten. »Was wertvoll ist *hat* Wert, *ist* aber kein Wert, sondern ein Wertträger, ein Gut. Wertungen sind einzelne konkrete Erlebnisse in der Zeit, sind empirische Tatsachen«. – Das platonische »agathon«, die umfassende Wertquelle, übersetzen wir durch den Ausdruck »das Urgute«, um jede Verwechslung mit den einzelnen »Gütern« also »Wertträgern« auszuschließen.
91 Vgl. Kelsen, Aufsätze zur Ideologiekritik, Soziol. Texte Bd. 16, S. 60: »Die primitive Geisteshaltung ist durch eine Tendenz gekennzeichnet, Eigenschaften, Bestrebungen und Kräfte zu materialisieren. So erscheint ihr der Tod ebenso wie die Krankheit als ansteckende Substanz. Man fürchtet den Toten weil er der Tod ist, der Träger der Tod-Substanz«. Von dieser Stelle ist meine Formulierung beeinflußt. –

6. Nun lehrt die Erfahrung: »sub sole omnia caduca«. Da unsere empirische Welt ein »kekramenon« darstellt, eine »Mischung« von Finsternis und Licht, von häßlich und schön, von böse und gut, von Tod und Leben, kann Sonne nicht in vollem Maße die Substanz des Urguten besitzen; Helios partizipiert zwar am agathon, aber nur in einer abgeleiteten, indirekten, »gebrochenen« Weise. Mythopoietisch läßt sich das folgendermaßen ausdrücken:

II. Helios ist Abkömmling (ekgonos) des Urguten.
  1. Das Verhältnis zwischen der Sonne als dem Vermittler des Guten an die phänomenale Welt und dem Urguten wird durch eine gesellschaftliche Analogie gedeutet und gleichzeitig gewertet. In vereinfachter Ausdrucksweise kann man von einem Vater-Sohn-Verhältnis sprechen. Die Substanz des »Vaters«, des Urguten, ist im »Sohne«, der Sonne, noch gegenwärtig.
  2. Da das Urgute – als die Quelle von allem, was gut ist – nur Ursache des Guten sein kann, nicht aber von dessen Gegenteil, hat die Sonne am Urguten nur insofern Anteil, als sie Licht und Leben spendet und somit das Dasein licht-voll und wert-voll macht.
  3. Indem nun die Sonne das Urgute nur indirekt reflektiert, wird die Idee des Guten entlastet von der Verantwortung für eine gemischte gut-böse Welt, als die sich die Realität darstellt (Entlastungsfunktion; Theodizeeproblem).

III. Der Erkenntnisakt ist analog zum Sehakt strukturiert.
  1. Subjekt des Sehvorganges und sichtbares Objekt konstituieren sich gegenseitig (zeugma).
  2. Dieses »zeugma« wird durch das Licht ermöglicht.
  3. Da Sehvorgang und Sichtbarkeit der Dinge durch das Licht bedingt sind, Licht aber immer Sonnenlicht ist, sind Auge und sichtbare Welt »sonnenhaft« = sonnenbezogen, heliotrop. (Erkenntnistheoretischer Grundsatz: Gleiches wird durch Gleiches erkannt).
  4. Sehen ist für Platon die wertvollste Form sinnlicher Wahrnehmung. Es ermöglicht eine differenzierte Erfassung der phänomenalen Welt und ein unmittelbar anschauliches Begreifen des kalon als des Wertvollen.
  5. Für die griechische Sprache ist das Wissen (to eidenai) Perfektform zum Sehen (idein). Die Beziehung zwischen Sehen und Erkennen ist also in der griechischen Sprache vorgeprägt: Intensität und Konstanz des Sehens führt zum Wissen als dem Resultat einzelner Sehakte.
  6. Auch beim Erkenntnisvorgang bilden das erkennende Subjekt und die Objekte der Vernunfterkenntnis ein »zeugma«.
  7. Für Platon gilt der Satz des Parmenides: τὸ γὰρ αὐτὸ νοεῖν ἐστίν τε καὶ εἶναι. Jedem klaren und reinen Denkakt – im Lichte der Wahrheit – entspricht ein Denkobjekt. Im klaren Denken manifestiert sich das Sein.

8. Objekte des Denkens sind begrifflich gefaßte Wesenheiten.
9. Das unsinnliche Sein dieser Entitäten überdauert erfahrungsgemäß die Gegenstände, die ich begrifflich realisiere, d. h. benenne. Auch wenn ich einen Gegenstand vernichte oder er mir durch Vernichtung entzogen wird, kann ich ihn noch begrifflich festhalten. Ich kann im Jahre 1968 von Sokrates sprechen und die historische Persönlichkeit meinen, die in Athen 399 ante den Giftbecher trank. In der begrifflichen Benennung eines Objektes scheint also die unveränderliche Substanz des Gemeinten gegenwärtig zu sein. Begriffliches Erfassen ist somit unabhängig von der empirischen Weiterexistenz der zu bezeichnenden Gegenstände[92].
10. Den Realitätsdruck erlebe ich schmerzlich in jedem Verlust, bei jeder Veränderung, vor allem angesichts des Todes. Was den Dingen Dauer verleiht, ist aber die unsinnlich-konstante Gegenwart des »Wesentlichen« im Begriff. Nur im Begriff erfasse ich also dauerhaftes Sein. Die Konstanz des Werthaften im Wesensbegriff wird beglückend erlebt angesichts des »panta rhei« von Natur und Gesellschaft[93].
11. Angesichts der »condition« humaine« erscheint das Dauerhafte als das Wertvolle: »Alle Lust will Ewigkeit.« – Was somit dem Wechsel und dem Druck der Wirklichkeit grundsätzlich und permanent entzogen ist, ist gut, was sich dagegen ändern kann, steht unter den Gesetzen der Vergänglichkeit und ist daher – bei radikaler Beurteilung – schlecht.

    Wenn ich den Satz: »Was sich verändert, ist schlecht (= nicht-gut)« umkehre, wird ein Moment des Trostes sichtbar: »Das Schlechte ist veränderlich, also vergänglich.« Auch hier suggeriert das Wunschdenken eine wert- und gefühlsbestimmte Deutung der Wirklichkeit: Das Schlechte ist seiner Struktur nach nicht von Dauer, also eigentlich irreal, weil es schlecht ist; malum ne sit! ergo non est.
12. Im begrifflichen Denken kann ich aber die Wirklichkeit so konstruieren, wie sie sein soll: gut, rein, vollkommen, unveränderlich.

---

[92] Nur was gut und wertvoll ist, ist wirklich; allem Wertwidrigen spreche ich das Prädikat »ist« ab: Grundsatz des philosophischen Idealismus. Was nicht sein darf und nicht sein soll, ist einfach nicht! Hier erfüllt die Sprache eine wichtige Entlastungsfunktion vom Druck der wertindifferenten Wirklichkeit: Ich kann versuchen, mit den Mitteln der Sprache, durch die »dynamis onomatōn« (Aristoteles), durch die »Macht des Wortes« (Titel eines sprachsoziologischen Werkes von T. Segerstedt, Zürich, 1947) die wertwidrige Wirklichkeit geradezu »abzuschaffen«. Diese Trostfunktion der Sprache ist bereits voll wirksam im magischen Wortgebrauch; ihre praktische Lebenshilfe ist nicht zu unterschätzen. Bereits das kleine Kind biegt sich die Wirklichkeit mit Hilfe der Sprache so zurecht, daß sie seinen Wünschen entgegenkommt. Die Krise des Wertrealismus ist auch eine Krise der Dichtung: Wenn sich in der Sprache nicht mehr die Welt des Seins als Welt der Werte manifestiert, wird das Wort für den Dichter zum »aboli bibelot d' inanité sonore« (Mallarmé). Bereits Pindar weiß um diese entscheidende Leistung der Sprache: ῥῆμα ἐργμάτων χρονιώτερον βιοτεύει »das Wort lebt länger als die Tat«. Auch die homerischen Helden finden Trost in dem Bewußtsein, daß sie weiterleben im Lied der epischen Sänger, die von den »Rühmen der Männer« künden.

[93] Die Erschütterung über das »panta rhei« der Sozialwelt, über die wertwidrige politische Wirklichkeit seiner Zeit, stellt nach dem Zeugnis des 7. Briefes die entscheidende Wende in Platons Lebensziel dar: 325 E . . . ὥστε με . . . βλέποντα εἰς ταῦτα καὶ φερόμενα ὁρῶντα πάντῃ πάντως, τελευτῶντα ἰλιγγιᾶν . . . Aus dem Realpolitiker in spe wird so der Sozialmetaphysiker und der Verkünder des Philosophenkönigtums

13. Aus den beiden Prämissen:
    a) Nur begriffliches Sein ist unveränderlich, dem Realitätsdruck grundsätzlich entzogen, und
    b) Nur was unveränderlich ist, ist letztlich wertvoll, also gut, ergibt sich:
    c) Die Wirklichkeit, die ich im Denken erfasse, ist auf das Gute hin bezogen (ta nooumena), sie ist selbst »agathoeides«. Im Denken allein kann ich nach dieser Auffassung Objekte erfassen, die im prägnanten Wortsinne »sind«.

IV. Der Aufbau der Noēsis (= Denkwelt) ist bedingendes Vorbild für den Aufbau der Aisthēsis (= Sehwelt).

1. Axiom IV ist ein Explikation von Axiom II: Das Reich des »Sohnes« (Helios) ist eine Nachschöpfung des Reiches des »Vaters« (Agathon).
2. So wie der Vater Vorbild ist für den Sohn, so stellt das Sein die Norm dar für das Werden, so ist auch die Denk-Welt paradigmatisch für die phänomenale Wirklichkeit.
3. Infolgedessen sind auch die (apriorischen) Denkakte Vorbild für die (aposteriorischen) Sehakte.
4. So ergibt sich: Alles, was im Bereich der Empirie abweicht von den Postulaten des reinen Denkens, *ist* einfach *nicht*, weil es wertwidrig ist.
5. Der »Vater« ist für den »Sohn« causa existentialis und gleichzeitig Ursprung der Normen (mores maiorum). Wo also »sub sole« Schlechtes, Normwidriges geschieht, kommt Nichtsein zum Vorschein (mē on = was nicht sein soll). Alles was dem Vorbild nicht entspricht, was normwidrig und wert-los ist, das ist also »eigentlich« überhaupt nicht; wertlos ist wesen-los.

Die entscheidende Stelle, das Gelenk unseres Gedankenganges, scheint Axiom II zu sein: Die Sonne ist »Abkömmling« des Urguten. Auf der Basis dieser Mythopoiie beruht die platonische Ontologie, die Lehre von der Wahrheit des Seins, das sich im Lichte des Urguten offenbart. Diese Konzeption von der Wirklichkeit ist monistisch und dualistisch zugleich;

a) monistisch, insofern als alles, was »sub sole« sich ereignet, Anteil hat am Urguten (– was wird, hat Anteil an der Dauer–). Die phänomenale Welt des Werdens partizipiert am Sein, insofern als der Logos-Charakter des Seins (= Gesetzmäßigkeit = Regelmäßigkeit = Berechenbarkeit) in der Welt des Werdens festgestellt werden kann; andernfalls wäre die Wirklichkeit chaotisch und un-berechenbar in des Wortes eigentlicher Bedeutung. Dabei wird zwischen Naturgesetzen, also nomologischen Hypothesen mit Gesetzescharakter (z. B. die Sternbahnen), und den normativen Gesetzen, die den sozialen Bereich regeln sollen, nicht unterschieden[94].

---

[94] Nach dem 94. Heraklitfragment wachen die Erinyen als supranaturale Ordnungsmächte darüber, daß die Sonne »ihre Maße nicht überschreitet«. Das 1. Fragment des Anaximandros scheint darauf hinzuweisen, daß die

Für diesen monistischen Aspekt ist im platonischen Sprachgebrauch der Gedanke der Methexis grundlegend. Infolge dieser Teilhabe am Urguten ist auch der Bereich sub sole noch »guthaft«, die Welt ist nicht wertlos, mythisch-theologisch gesprochen: sie ist nicht gottverlassen.

b) Aber auch der dualistische Ansatz, die Zweiweltenlehre, der Chorismos, ist in der Mythopoiie vom Reich des »Sohnes« darstellbar. Das Urgute ist zwar für alles Werthafte »sub sole« zuständig, weil es als Wertquelle überall dort gegenwärtig ist, wo Wertprädikate erteilt werden können, es ist aber für das Nicht-Gute nicht verantwortlich. Daß das Agathon in dem ihm wesensfremden Material der phänomenalen Stoffwelt nur unvollkommenen Ausdruck finden kann, geht nicht zu Lasten seiner Güte. Der »Vater« (= das Urgute) ist zwar Erzeuger von Helios, er ist aber nicht verantwortlich für alles Wertwidrige, was der Sohn oder Enkel (ekgonos) im eigenen Bereich tut oder geschehen läßt. Immer dann, wenn – und überall dort, wo – Wertwidriges geschieht, ist die Wertquelle, das Urgute, unwirksam. Das Wertwidrige ist also gekennzeichnet durch den Ausfall, durch die Abwesenheit der Wertsubstanz.

Zusammenfassend kann man sagen: Die Welt ist auch guthaft, weil das Agathon die Methexis garantiert, sie ist aber nicht gut, denn die phänomenale Welt kann ihrer Struktur nach nur im Abglanz des Urguten existieren.

Mit der Prägnanz, die der lateinischen Sprache eigen ist, kann man das Ergebnis in die einprägsame Form bringen:

Mundus est particeps boni; neque vero mundus bonus est, nedum bonum sit[95].

Ich habe versucht, den inneren Zusammenhang des platonischen Philosophierens an den Implikationen dieser Mythopoiie aufzuzeigen und gleichzeitig Hinweise zu geben, wie die Durchleuchtung dieser für das Verständnis des Platonismus grundlegenden Stelle uns an die Problematik der

---

Vergänglichkeit der Dinge mit einer Rechtsverletzung zusammenhängt. Im übrigen beruht auch der populartheologische Schluß vom Naturgesetz auf den Gesetzgeber = Gott auf der äquivoken Verwendung des Gesetzesbegriffes, (Naturgesetz = moralisches Gesetz), wie er seit den Anfängen philosophischer Spekulation für eine sozio-kosmische Deutung der Gesamtwirklichkeit verwendet wurde.

95 Natürlich ist damit das Theodizeeproblem nicht gelöst. Einen analogen Problemlösungsversuch bietet Platon im Schlußmythos der Politeia an. Auch dort werden durch ein »sowohl als auch« zwei verschiedene Konzeptionen miteinander verbunden: so wie die Welt einerseits gottfern (Chorismos), andererseits aber auch wertvoll (Methexis) strukturiert ist, so ist der Mensch in seinem Handeln sowohl gebunden als auch frei. Determiniert ist menschliches Handeln in der phänomenalen Welt; sein empirisches Ich ist gebunden. Andererseits muß der Mensch wenigstens einmal für dieses Leben sich frei entschieden haben können, sonst wäre schuldhaftes Handeln unmöglich. Also muß der Mensch im präexistenten Zustand sein Lebenslos wählen. So tritt der Mensch bei falscher Entscheidung bereits schuldig in die Welt. Die Quintessenz dieses Jenseitsmythos ist ebenfalls eine Theodizee: »Schuld hat derjenige, der die Wahl traf; Gott ist unschuldig«. Um den Abstand zum »tragischen Zeitalter der Griechen« zu ermessen, vgl. man mit diesem Platonzitat Aischylos frgm. 156 (TGF ed. A. Nauck) Θεὸς μὲν αἰτίαν φύει βροτοῖς, ὅταν κακῶσαι δῶμα παμπήδην θέλῃ.
Der tragische Dichter nimmt die Wertirrationalität der Wirklichkeit an und setzt ihr das τλῆναι als realitätsbezogene Grundhaltung entgegen. Der Platoniker deutet in wertrationalem Wunschdenken den Wirklichkeitsbefund um und macht den Imperativ (»Die Welt soll meinen Wertungen entsprechen«!) zum Indikativ (sit! ergo est.).

Ideenphilosophie heranführen kann. Dabei bin ich mir bewußt, daß dieser strukturanalytische Versuch weder in der dargebotenen Form noch in dieser Ausführlichkeit in die Praxis des Unterrichts übernommen werden kann. Um wenigstens einen Hinweis auf die unterrichtlichen Auswirkungen dieser Überlegungen zu geben, sei folgende Zusammenfassung mitgeteilt.

a) Alle Sehakte sind sonnenbezogen.
b) Alle Denkakte sind gut-haft = wertvoll.

ergo:
1 a) Sehen erfaßt den Bereich »sub sole«.
1 b) Denken erfaßt den Bereich »sub bono«.

ferner:
2 a) Wir sehen im Lichte der Sonne.
2 b) Wir denken im Lichte der Wahrheit.

das bedeutet:
3 a) Was deutlich gesehen werden kann, muß sichtbar sein.
3 b) Was klar gedacht werden kann, muß gut sein.

nun ist aber:
4 a) Die empirische Welt des Werdens sichtbar.
4 b) Die gedankliche Welt des Seins gut-haft.

ergo:
Alles, was *ist*, ist gut[96].

Umkehrung:
Alles, was nicht gut ist, ist einfach nicht, denn was ist, ist auch wertvoll.

Aus alledem ergeben sich drei bedeutsame Gleichsetzungen:
I. Das Sein ist der Wert (= die Norm).
II. Das Wahre ist das Gute (und das Schöne).
III. Das Gute (und nur das Gute) ist das Wirkliche.

Die kürzeste Formel für den Gedanken, daß das eigentliche Sein das ist, was sein soll, wäre die Gleichung: *est = sit*. Auf dieser elementaren Struktur basiert die logische Konsistenz des Platonismus. Das psychologische Korrelat ergibt sich aus der Umkehrung: »sit! ergo est.«

Mit der hier aufgewiesenen Argumentationsform (est = sit; sit! ergo est)

---

[96] Einen interessanten Beleg für die These, daß das, was ist, per definitionem gut ist, finde ich Bhagavadgita XVII, 26. Dort erklärt der Dichter folgendes:
Das Wort »sad« – es entspricht formal und etymologisch dem griechischen ὄν – bezeichnet nicht nur die Realität (Sanskrit: sadbhāva), sondern auch die Güte und die Qualität (Sanskrit: sādhubāva; es wird ferner für eine lobenswerte Handlung (prashaste karmani) gebraucht.
Die existentiellen und werthaften Implikationen des Verbums »esse« kann man noch in dem lateinischen Wort »sons« erkennen, freilich mit einem negativen Wertakzent: »coupable – terme juridique qui s'applique à l'étant', à celui qui est réellement l'auteur du délit.« (Emile Benveniste, Problèmes de linguistique générale, Editions Gallimard, 1966 Kap. XVI: »Etre et avoir dans leur fonctions linguistiques«, S. 183.
Der, der es *ist*, der mich also existentiell betrifft, ist entweder mein Wohltäter (Sanskrit »sad«) oder mein Feind, der Schuldige (Lateinisch »sons«).

erfassen wir eine Grundstruktur naturrechtlichen Denkens[97]. Wenn im Sein die Werte sich ausdrücken, dann können Normen aus der »eigentlichen« Wirklichkeit abgeleitet werden. Seinserkenntnis legitimiert sich als das Resultat klarer Denkakte (– sozusagen »clare et distincte«, um Descartes' Formulierung zu gebrauchen –). Wir können demnach bereits bei Platon von einer »Manifestationstheorie der Wahrheit« sprechen: Das Sein ist im Denken offenbar[98].

Vier Sätze tragen den platonischen Gedankengang:
I. Sonnenerlebnis: Licht und Leben.
II. Sonne nur Abkömmling des Urguten.
III. Erkennen und Sehen sind analoge Vorgänge.
IV. Der Aufbau der Denkwelt ist bedingendes Vorbild für die phänomenale Welt.

Wenn diese vier Basissätze gelten, dann kann die platonische Konzeption von der Sonne und der Idee des Guten gedacht werden.

Die Leistung dieser Konzeption läßt sich ebenfalls in vier Punkten zusammenfassen:
I. Ein Gottesbeweis: Das Gute ist Ursache des Guten.
II. Eine Theodizee: Das Gute ist *nur* Ursache des Guten.
III. Eine Ontologie (Theorie vom Wert der Erkenntnis): Im Absehen von den Phänomenen und im Hinsehen und der Hinwendung zu den reinen Akten des Denkens erfassen wir das Wirkliche.
IV. Eine Theologie: Seinserkenntnis ist Gotteserkenntnis.

So vorbereitet können wir das Höhlengleichnis lesen[99].

---

97 Vgl. zu diesem Problem die wichtige Abhandlung von Hans Kelsen, Platon und die Naturrechtslehre, in: Hans Kelsen, Aufsätze zur Ideologiekritik, Soziologische Texte Bd. 16 S. 232 ff. Freilich ist Platon kein Repräsentant oder gar der Begründer der Naturrechtslehre im engeren Sinne. Er teilt zwar den Grundsatz jeder Naturrechtslehre, nach der das Gute naturgemäß und das Böse naturwidrig ist, doch diese eigentliche, normsetzende Wirklichkeit ist im Platonismus ideeller und transzendenter Art, während »die sogenannte Naturrechtslehre dadurch gekennzeichnet ist, daß sie das ideale Recht . . . in der Natur und zwar in der Natur im allgemeinen und der Natur des Menschen im besonderen zu finden behauptet. Dabei ist unter »Natur« die *empirische Wirklichkeit* und unter der »Natur« des Menschen dessen tatsächliche Beschaffenheit zu verstehen.« (S. 233.)
98 Zur »Manifestationstheorie der Wahrheit« als dem »Offenbarungsmodell in der Erkenntnislehre« vgl. m. E. K. R. Popper, Die offene Gesellschaft und ihre Feinde, passim, vor allem aber seine Abhandlung »On the Sources of Knowledge and Ignorance« in dem Sammelband: Conjectures and Refutations, London 1963. Im übrigen verweisen wir auf Albert, Traktat, S. 15 ff.
99 Die umfassende Analyse einer philosophischen Theorie müßte feststellen, wie weit ein Denker in das Dilemma einer Kollision von Struktur und Strategie hineingerät. Damit ist folgende Problemlage gemeint: In welchem Umfang wird das Erkenntnisinteresse, das in einer bestimmten Denk- und Argumentationsstruktur seinen Ausdruck findet, von dieser Struktur potentiell falsifiziert? Wie weit gelangt z. B. ein Autor wie Platon, der sich »vom Logos leiten läßt«, an die Grenzen der eigenen Konzeption, und wie weit ist er bereit, die – u. U. selbstvernichtenden – Konsequenzen des eigenen Denkansatzes zu ziehen, so wie es Wittgenstein im ›Traktat‹ getan hat? Rolf Lambach, ein ehemaliger Schüler von mir, hat in einer unveröffentlichten Seminararbeit (Philosophie, Geschichte und Geschichtsschreibung bei Leibniz, Seminar Prof. Kosellek, Heidelberg, SS 1970) m. E. überzeugend nachgewiesen, daß im System von Leibniz »die Logik die Theologie sabotiert, daß Leibniz bei dem Versuch, die Theologie rational zu begründen, ihr einen Standard von Rationalität setzt, an dem sie zerbricht. Man könnte das einen Konflikt von Struktur und Strategie nennen: Grundsätzliche Strukturprinzipien der Philosophie wie der Substanzbegriff, der Satz vom zureichenden Grunde oder die rigide logische Analyse gefährden strategisch wichtige Punkte wie Willensfreiheit, Schöpfung oder den Glauben überhaupt.« (S. 18/19).

Schlußüberlegungen:
Entwicklung kritischer Rationalität im Umgang mit bedeutsamen Texten unserer geistigen Tradition als die Chance eines (alt)sprachlich orientierten Gymnasiums

Die behandelten Textstellen gehören zum traditionellen Lektürekanon an unseren Gymnasien. Die sprachlogischen und ideologiekritischen Probleme, vor die uns diese antiken Aussagen stellen, wurden freilich in unterschiedlicher Intensität in der Praxis des Unterrichts verdeutlicht. Auch für den pädagogischen Bereich gilt der soziologische Grundsatz von der sozialen Kontextabhängigkeit menschlichen Problemlösungsverhaltens: Das Engagement des Lehrers, die Intensität unterrichtlicher Arbeit, Akzente und Schwerpunkte, ja das Niveau philosophisch-kritischer Textanalyse, werden durch das Interaktionsfeld Lehrer – Klasse weitgehend konditioniert. Der pädagogische Philologe wird sich z. B. überlegen müssen, ob er in einer vorwiegend naturwissenschaftlich begabten und interessierten Unterprima sich für die Lektüre ausgewählter Partien des naturphilosophischen Werkes »De rerum natura« des Lucretius entscheidet und dafür auf die Behandlung von Vergils Aeneis verzichtet.

Die Ausführungen stellen keine Unterrichtsprotokolle dar. Sie sind der Reflex kritischer Vorüberlegungen und bildeten die Grundlage für erste Versuche, den altsprachlichen Lektüreunterricht sprachkritisch und literatursoziologisch zu profilieren. Erfahrungen aus der Praxis wurden mitverwertet, soweit sie die theoretischen Überlegungen ergänzten, korrigierten oder widerlegten. Es kam mir darauf an, meine grundsätzliche Einstellung zu antiken Prosatexten mit vorwiegend präskriptiver Darstellungstendenz mitzuteilen. Es ist meine Überzeugung, daß die großen Werke der römischen Kunstprosa (– Werke weltanschaulichen, politischen, staatsphilosophischen und sozialmetaphysischen Charakters –) sich grundsätzlich mit sprachkritischen Mitteln auf ihre Vorverständnisse, ihre Tendenzen und deren rationale Verkleidung hin untersuchen lassen, und daß diese kritische Prüfung der Textinformation die antiken Aussagen nicht entwertet, sondern ihnen eine gesellschaftsbezogene Aktualität verleiht, die dem Vorwurf wirksam begegnen kann, daß der altsprachliche Unterricht obsolete Bildungsgüter einer hoch- und spätbürgerlichen Gesellschaftsschicht, die längst nicht mehr existiere, weiterhin konserviere.

Dabei ist nicht vergessen, daß uns im antiken Schrifttum vorbildliche und gültige Lebenshaltungen begegnen. Ich denke dabei z. B. an die spekulative Kraft der Vorsokratiker und die ihrem Denkstil zugrundeliegende Methodenhaltung[100], an das wissenschaftliche Ethos des Demokritos, für den es ein größeres Glück bedeutete, eine einzige ursächliche Erklärung gefunden zu haben, als König der Perser zu sein[101], oder an den historischen Sokrates, dessen Dialektik eine Anwendung der »trial-error-method« auf die Ethik darstellt und dessen Elenktik auch vor den Göttern nicht halt macht[102]. Im Mittelpunkt der griechischen Prosalektüre in Prima wird immer Platon stehen, dessen Erkenntnislehre und Sozialphilosophie sich uns in der Politeia erschließt. Als Kontrastlektüre bietet sich sein großer geistiger Antipode Thukydides an. Dieser verzichtet völlig auf die intentionalen Erklärungsmodelle und soziokosmischen Deutungsgewißheiten der klassischen Sozialmetaphysik. Einsicht in die Wertirrationalität der politischen Wirklichkeit ist die wesentliche Voraussetzung seiner empirischen Geschichtsschreibung. Indem er diese Einstellung durchhält – ganz im Sinne der frühgriechischen Ethik des τλῆναι – gelingt es ihm nicht nur, τὸ σαφὲς σκοπεῖν, also detailliert und exakt zu beschreiben, was einmal gewesen war, er dringt vielmehr zu den Gesetzmäßigkeiten der politisch-sozialen Wirklichkeit vor (γιγνόμενα μὲν καὶ αἰεὶ ἐσόμενα), die auf der Grundlage einer allgemeinen menschlichen Triebnatur beruhen[103].

Der Kontrast zwischen dem platonischen und dem thukydideischen Denkstil ist ungemein aufschlußreich und kann an ausgewählten Stellen beider Autoren im Unterricht der Oberprima erarbeitet werden[104]. Die empirisch-pragmatische Rationalität des Historikers bildet im Sinne eines exemplarischen Unterrichts das Alternativmodell zum spekulativ-wertrationalen Denken des Staatsphilosophen.

»Kenntnis der Grundformen platonischen Philosophierens« ist ein sehr anspruchsvolles Lernziel, vor allem wenn Platontexte sprachkritisch analysiert, wenn also Präsuppositionen und Konsequenzen, Strukturen und Strategien sichtbar gemacht werden sollen. Um bei diesen Textanaly-

---

100 Vgl. Poppers Aufsatz mit dem programmatischen Titel »Back to the Presocratics« in: Conjectures and Refutations S. 136ff.
101 Demokritos Frgm. 118 B, Diels-Kranz Bd. II S. 166.
102 Vgl. Friedrich Nietzsche, Menschliches-Allzumenschliches II. Band, zweite Abteilung: Der Wanderer und sein Schatten, Aphorismus 72: Göttliche Missionäre, S. 240 der Krönerausgabe von 1916.
»Auch Sokrates fühlt sich als göttlicher Missionär; aber ich weiß nicht, was für ein Anflug von attischer Ironie und Lust am Spaßen selbst hierbei noch zu spüren ist, wodurch jener fatale und so anmaßende Begriff gemildert wird. Er redet ohne Salbung davon: seine Bilder, von der Bremse und vom Pferd, sind schlicht und unpriesterlich, und die eigentlich religiöse Aufgabe, wie er sie sich gestellt fühlt, den Gott auf hunderterlei Weise *auf die Probe zu stellen*, ob er die Wahrheit geredet habe, läßt auf eine kühne und freimütige Gebärde schließen, mit der hier der Missionär seinem Gotte an die Seite tritt. Jenes Auf-die-Probe-Stellen des Gottes ist einer der feinsten Compromisse zwischen Frömmigkeit und Freiheit des Geistes, welche je erdacht worden sind.«– . . .
103 Zu Thukydides als soziologischem Denker vgl. man den Aufsatz von E. Topitsch, Geschichtswissenschaft und Soziologie, in: Sozialphilosophie zwischen Ideologie und Wissenschaft, Soziol. Texte Bd. 10, S. 119ff. Für Topitsch ist das Werk des Thukydides »als erster Wurf einer historisch-soziologischen Einheitswissenschaft entstanden. Die folgende Entwicklung unterdrückte die soziologische Komponente zugunsten ästhetischer, ethisch-normativer und metaphysischer Anliegen oder einer vorwiegend antiquarischen Historie.« (S. 127.) »Dabei bewahrt ihn (= Thukydides) sein Scharfsinn für das jeweils Einzigartige und Irrationale jeder Situation vor einem lehrbuchartigen Schematisieren, wie man es nicht selten bei Macchiavelli findet.« (S. 123)
104 Z. B. Vergleich der Ausführungen Platons im 2. Buch der Politeia über den Ursprung des Staates (»Minimalpolis«) mit der Archäologie des Thukydides.

sen nicht den Überblick zu verlieren, brauchen wir eine Darstellung des »offenen« Systems platonischen Philosophierens, die die strukturellen und genetischen Zusammenhänge expliziert, ohne in Simplifizierung »ad usum Delphini« abzugleiten oder Detailfragen der Platonforschung nachzugehen. Ernst Hoffmanns Platonbuch wird diesem didaktischen Anspruch gerecht[105]. Der Schüler einer altsprachlichen Oberprima hat im allgemeinen zwei platonische Schriften gelesen, dazu Gorgias und Politeia (in Auswahl). Er ist durchaus fähig, die Ausführungen Hoffmanns zu verstehen, die als Einführungsvorträge für Studenten aller Fakultäten gedacht waren. Freilich müssen die einzelnen Kapitel im Unterricht besprochen oder in der philosophischen Arbeitsgemeinschaft behandelt und durchdiskutiert werden. Ferner entspricht es einem modernen Unterrichtsstil, daß sich die Primaner in bestimmte Problemkreise, die sie frei wählen können, einarbeiten. Die Kandidaten haben dann Gelegenheit, in der mündlichen Prüfung nach Analyse eines Textes u. U. über ein Spezialproblem zu referieren, für das sie kompetent sind. So hatte sich z. B. am Eduard-Spranger-Gymnasium in Landau-Pfalz vor einigen Jahren ein Kandidat auf die platonischen Seelenlehren spezialisiert. Grundlage seiner Vorbereitung bildeten – neben Ernst Hoffmanns Platonbuch – Aufsätze von Kelsen und Topitsch und – als »Kontrastlektüre«, um Einseitigkeit der Information zu vermeiden – ausgewählte Kapitel aus dem Buch »Von Platons Staatheit« von Leopold Ziegler[106].

Ich glaube, daß es beispielsweise nicht genügt, wenn Primaner aufzählen können, wie viele Seelenteile[107] es bei Platon »gibt«. Dieses »Wissen« ist doch für den künftigen Studenten recht belanglos; bedeutsam kann es erst dann für ihn werden, wenn – um bei diesem einen Beispiel zu bleiben – auf dem Wege eigener Denkbemühungen zwei grundlegende Einsichten gewonnen werden.

a) Wenn junge Menschen die betreffenden Stellen der platonischen Politeia aufmerksam und kritisch gelesen haben, dann kann es pädagogischer Maieutik gelingen, daß die Schüler die Herkunft dieses Seelenmodells und die Übertragungsstruktur, die ihm zugrunde liegt, selbständig finden. Eine elementare Form der Herrschaft[108] (archōn – phylakes – archomenoi) wird

---

105 Ernst Hoffmann, Platon (Erasmus-Bibliothek), Zürich 1950; als Taschenbuch: rde Nr. 142.
106 Vgl. die Literaturangaben zu Kapitel V. Ferner: Ernst Topitsch, Grundformen vorwissenschaftlicher Seelenvorstellungen, in: Club Voltaire I, München, 2. Auflage 1964.
Leopold Ziegler, Von Platons Staatheit zum christlichen Staat, Olten 1948.
107 Besser als dieser allzu massive Ausdruck wären Bezeichnungen wie »seelische Strukturen«, »Aspekt«, »Dimensionen«.
108 Ich vermute, daß diese so natürlich anmutende Dreiteilung der Gesellschaft ein später Reflex ist der Frühüberlagerung von Equidennomaden über seßhafte Bauernvölker, daß sie also einen frühgeschichtlichen Gesellschaftszustand widerspiegelt, auf dem die Hochkulturen beruhen. Zur Überlagerungstheorie vgl. man die Ausführungen von Alexander Rüstow im 1. Band der Ortsbestimmung der Gegenwart, vor allem Kapitel I: Entstehung der Hochkulturen und II: Überschichtungsbedingte und feudale Strukturelemente der Hochkulturen, S. 39 ff. und S. 95 ff. (Band I Erlenbach-Zürich-Stuttgart 1950).

in die menschliche Seele projiziert (oder introjiziert) und dann auf die menschliche Gesellschaft als Soll-Forderung rückübertragen[109]. Dabei wird aber der Projektionsvorgang und damit der Ausgangspunkt der Übertragung »verdrängt« (der Ausdruck stammt von einem meiner Schüler), wobei die verdrängte Energie gewissermaßen der Rückprojektion zugute kommt: die Re-flexion auf die Gesellschaft wird verstärkt.

An diesem einfachen Modell können wir eine kulturanthropologische Einsicht gewinnen. In einem für menschliches Erkenntnisbemühen charakteristischen Weise überträgt Platon[110] aus dem vertrauten Bereich der Gesellschaft eine elementare Gliederung auf den unheimlichen und infolgedessen noch unstrukturierten seelischen Bereich[111]. Da die Analogie tragfähig zu sein scheint, da sie als Problemlösung befriedigt, wird sie als Wesensbeziehung, als Strukturparallele verstanden. Die Hypothese wird zur Hypostase. Dadurch kann sie zur Grundlage für eine Herrschaftsideologie werden (drei-gegliederter Ständestaat), die sich »naturrechtlich« unter Berufung auf die »natürliche« Gliederung der menschlichen Seele zu legitimieren versteht.

b) Wenn wir die Herkunft und die Entstehungsbedingungen dieser Seelenauffassung erkennen, indem wir sie als eine naheliegende soziomorphe Analogie durchschauen, dann ist durch diese weltanschauungskritische Einsicht der platonische »Seelenstaat« nicht entwertet. Dieses Seelenmodell weist nicht nur auf ein perennierendes Problem hin (– Interdependenz von Polis und Polītēs, von Staatsverfassung und seelischer »Verfassung« –), es hat trotz seiner herkunftsbedingten Unzulänglichkeiten zu bemerkenswerten psychologischen Einsichten geführt. So hat z. B. bereits Platon die Trennung von Affekt und Trieb als zwei verschiedenen seelischen »Vermögen« mustergültig durchgeführt und durch scharfsinnige psychologische Beobachtungen fundiert. Außerdem ist der Einfluß der Seelenstaatstheorie auf die europäische Psychologie nur schwer zu überschätzen.

Die angeführten Schriften von Kelsen, Popper und Topitsch, nicht zuletzt aber die Methodenlehre von Albert, fundieren meine Arbeit. Diesen Autoren verdanke ich die Blickrichtung und ein neues Problembewußtsein. Zum pädagogischen Experiment und zur Reflexion über die Möglichkeit, die antike literarische Tradition in ein modernes Bildungskonzept zu integrieren, ermutigten mich die Ausführungen Hartmut von Hentigs[112]. Schließlich machte mich das Buch von Alexander Mitscherlich:

---

109 Vgl. F. M. Cornford: »Psychology and Social Structure in the Republic of Plato« Classical Quarterly VI, 1912, S. 246 ff. und E. Topitsch, Vom Ursprung und Ende der Metaphysik S. 125 ff.
110 Wieweit Demokritos die platonische Seelenlehre vorbereitete oder vorwegnahm, bleibt hier unberücksichtigt.
111 Über die Wichtigkeit einer – wenn auch noch so vorläufigen – »Strukturierung von Problemsituationen, die sonst unstrukturiert blieben« vgl. man Hans Albert, Traktat über kritische Vernunft, S. 49.
112 Bes. in: Platonisches Lehren, Probleme der Didaktik, dargestellt am Modell des altsprachl. Unterrichts, Stuttgart 1966.

»Auf dem Weg zur vaterlosen Gesellschaft«[113] auf die sozialpsychologische Problematik unserer sogenannten Bildungsstoffe aufmerksam. Eine seither oft zitierte Äußerung Mitscherlichs lautet[114]: »Erziehung muß in sich selbst eine dialektische Funktion erfüllen: sie muß in die Gesellschaft einführen und gegen sie immunisieren.« – Immunisierung versteht aber Mitscherlich nicht im Sinne einer Abschirmung gegen die gesellschaftliche Wirklichkeit[115]. Für ihn ist dieser Terminus gleichbedeutend mit der Entwicklung der Kritikfähigkeit, der Resistenz gegen den Konformitätsdruck, der von der Gesellschaft ausgeht und der auch im Medium der »Bildungsgüter« noch wirksam ist. Diese Immunisierungsfunktion kann aber die Erziehung nur dann erfüllen, wenn wir im philologisch-pädagogischen Bereich die Tragweite von Handlungsanweisungen und Informationen kritisch prüfen, die uns aus den Texten erreichen. »Ich-Stärkung durch kritische Rationalität« könnte man dieses Bildungsziel umschreiben, wenn man die psychologische Komponente betonen will. Welche Bedeutung diese Ich-Stärkung für die Affektbildung junger Menschen hat, zeigt Mitscherlich an mehreren Stellen seines Werkes. Auch macht der Verfasser mit Nachdruck darauf aufmerksam, daß unsere Kulturgüter daraufhin zu befragen seien, welche Rolle sie im gesellschaftlichen Zusammenhang ihrer Zeit gespielt haben. Walter Benjamin spricht in engagierter Pointierung davon, daß die Dokumente unserer Kultur eine erschreckende Ambivalenz zeigten: sie seien gleichzeitig Dokumente der Barbarei[116]. Daß man die Literaturwissenschaft nicht auf ihre soziologische Ergiebigkeit reduzieren kann, bleibt unbestritten, doch hindert uns die Ablehnung eines Literatursoziologismus nicht an der Feststellung, daß die grundsätzliche Frag-würdigkeit der Kultur- und Bildungsgüter heute nicht mehr übersehen werden kann und daß daher bisher unbeachtete Textdimensionen (Pragmatik; indikatorische Funktion) berücksichtigt werden müssen[117].

113 München 1965.
114 S. 33 ff., das Kap.: Die dialektische Funktion, die Erziehung erfüllen sollte.
115 In der Wissenschaftslogik und Ideologiekritik versteht man unter »Immunisierung« die Abschirmung und Absicherung einer Aussage gegen mögliche Kritik und Widerlegung, also der Versuch, durch taktische Mittel eine Aussage kritikresistent zu machen.
116 Walter Benjamin, Geschichtsphilosophische Thesen, entnommen einem Aufsatz über »Revolution und Reformation« von Hans Ohly in JUNGE KIRCHE, protest. Monatshefte 10/1967 S. 553; man vgl. auch die These von Urs Jaeggi: »Die herrschende Literatur ist die Literatur der Herrschenden« und bedenke die Tragweite dieses Satzes für die römische Literatur.
117 Zu den drei Stufen der Semiotik (Zeichentheorie): 1. syntaktische, 2. semantische, 3. pragmatische Dimension, wie sie von Peirce und Morris entwickelt wurde, vgl. man neben dem erwähnten Aufsatz von Albert, Wertfreiheit als methodisches Prinzip, im Band Logik der Sozialwissenschaften, noch: Helmut Dahm, Kybernetik als Problem kommunistischer Philosophie, in dem Band: Wissenschaft in kommunistischen Ländern, herausgeg. von Dietrich Geyer, Tübingen 1967, auf S. 49–81; ferner: Max Bense, aesthetica IV/1960 Baden-Baden, S, 30 ff. Syntaktische Regeln betreffen die Beziehungen zwischen Zeichen, semantische Regeln die Beziehungen zwischen Zeichen und Dingen = Designata, die pragmatischen Regeln betreffen die Beziehungen zwischen den Zeichen und ihren Benutzern. (Peirce spricht von symbol, icon und index.) In der – bisher stark vernachlässigten – pragmatischen (= indikatorischen) Dimension fungieren die Zeichen als Wegweiser (index), als Mittel zur Beeinflussung, als Anweisung, also überzeugungssuggestiv. Die Funktion einer Aussage (= Zeichenmenge) ist demnach ein

Es zeigt sich, daß der alte Philologengrundsatz, der einer theologischen Hermeneutik entstammt: »Te totum applica ad textum!« heute nicht mehr ausreicht. Es genügt nicht, in einem vernehmenden Vernunftsakt Texte durch »Einfühlung« zu verstehen. Die großen literarischen Denkmäler aus der klassischen Frühzeit Europas entstammen nicht einer in genialischer Unabhängigkeit schaffenden Vernunft; auch diese Werke sind vom sozialen Kontext abhängig, aus dem sie sicherlich nicht restlos abzuleiten sind, der aber ihre Entstehung in höherem Maße mitkonditioniert hat, als wir zunächst vermuten.

Texte konsequent auf ihren Sachgehalt, auf logische Schlüssigkeit der Argumentation, auf Implikationen, Vorentscheidungen und Tendenzen hin zu untersuchen ist aber m. E. eine eminent demokratische Aufgabe und für die Bewußtseinsbildung des Bürgers einer pluralistischen Gesellschaft geradezu unentbehrlich. Wenn in einem demokratischen Rechtsstaat die Methoden der Herrschaft kontrollierbar und kritisierbar sein sollen, dann können die Ergebnisse der Wissenschaftslogik nicht auf eine soziologische Methodenlehre beschränkt bleiben, dann müssen die einfachen Formen logischen Schließens und sprachkritischen Prüfens gerade an einem Gymnasium sprachlichen Typs eingeübt werden, damit die Formen der symbolischen Herrschaft über Menschen[118] einer breiten Kontrolle durch kritikfähige Mitbürger ausgesetzt sind. Diese werden in der Lage sein, Reklame und Werbetexte, politische Manifeste und kirchliche Verlautbarungen auf die Redlichkeit ihrer verhaltenssteuernden Tendenzen hin zu kontrollieren.

Bei der kritischen Prüfung von Texten ist es wichtig, daß man zwischen dem logischen und dem sozialen Spielraum einer Aussage unterscheidet[119]. Diese Differenzierung ist besonders für die Beurteilung von Gnomen, Sprichwörtern, Rechtssätzen und Grundsatzerklärungen aufschlußreich. Der soziale Spielraum eines Satzes ist jeweils bedeutend enger als der logi-

---

wichtiger Teil der Pragmatik. Für unsere pädagogischen Zwecke faßten wir die Frage nach der Pragmatik und Funktion in die Form: Was leistet eine Aussage? Mit der syntaktischen Dimension von Texten befassen sich z. B. die Strukturalisten (Arrangement der Zeichen); die semantische Textdimension wird durch Interpretation (hermeneutisches Verfahren) erschlossen. Bense spricht von der Seinsfunktion, Übertragungsfunktion, Wahrnehmungsfunktion der Zeichen. Die Pragmatik eines Textes ist nun nach meiner Auffassung diejenige Textebene, für die Sprachsoziologie, Ideologiekritik, Wissenslogik und pädagogisch relevante Philologie gleichermaßen zuständig sind, denn die Ergiebigkeit eines Textes, das was er hergibt und wo der Text schließlich versagt, ist Kriterium für die pädagogische Auswahl. Außerdem sind unsere Schüler im konkreten Wortsinn Benutzer von Zeichenarrangements = von Texten. Der Benutzer benötigt aber eine Gebrauchsanweisung; da sie in der Regel textimmanent ist, müssen wir sie auf logischem Wege, durch Aufdecken der Textimplikationen, erschließen. Wer die Gebrauchsanweisung besitzt, kann die Wirkung eines Mittels ausprobieren. Der Benutzer eines Textes muß demnach aus dem semantischen Befund des Textes und aus seinen Implikationen die Konsequenzen einer Aussage feststellen. Dafür ist aber nicht Einfühlung zuständig, auch nicht historisches Nachempfinden, sondern kritische Textdistanz. Erst auf der Ebene pragmatischer Analyse wird ein Text kritisierbar, weil er applizierbar geworden ist und der hermeneutische Zirkel immanenter (d. h. „werkgerechter") Deutung überschritten wurde.
118 Zum Problem der Herrschaft mittels sprachlicher Symbole vgl. man Torgny T. Segerstedt, Gesellschaftl. Herrschaft als soziologisches Konzept, Soziol. Essays, Luchterhand, Neuwied u. Berlin 1967.
119 Vgl. zu diesen Ausdrücken den Aufsatz von E. Topitsch, Die Menschenrechte als Problem der Ideologiekritik, in: Sozialphilosophie zwischen Ideologie und Wissenschaft S. 71ff.; insbes. S. 83 und 84.

sche; er läßt sich verstehen als *eine* mögliche Implikation des logischen Spielraums und dessen Applikation auf eine konkrete gesellschaftliche Situation, der gegenüber die Aussage eine Legitimationsfunktion besitzen soll. Wenn wir zum kritischen Lesen erziehen wollen, kann diese Unterscheidung sehr nützlich sein. Ein einziges, einfaches Beispiel genügt oft, um die Kritikfähigkeit junger Menschen zu erweitern. Als Muster bietet sich die bekannte »Leerformel« des Naturrechtes an: suum cuique. Der logische Spielraum dieser Aussage läßt zwei grundsätzlich verschiedene Deutungsmöglichkeiten zu:
a) suum = id quod ei est, ergo: unicuique sit quod ei est.
b) suum = id quod ei sit, ergo: unicuique sit quod ei sit.
Deutung a) ergibt: Jedem soll das sein, was er bereits hat. Diese Verwendung der naturrechtlichen Formel dient zur Rechtfertigung des sozialpolitischen Status quo. Der soziale Spielraum ist in diesem Falle extrem konservativ. Als Belege für diese konservative Fixierung ziehen wir zwei Textstellen heran. Wir gehen aus von Cicero, De officiis, Kapitel 7 des ersten Buches (I 20–27). Unsere Formel wird dort erläutert: »Quod cuique obtigit, is quisque teneat!« Wer die bestehenden Besitzverhältnisse nicht anerkennt, »violat ius humanae societatis«. Zur Ergänzung dieser Cicerostelle kann man die scholastische Definition in der Summa Theologica des Thomas von Aquin (I qu. 21, a1, ad 3) heranziehen, auf die neuerdings August M. Knoll in einer bedeutenden Studie aufmerksam gemacht hat[120]: »Dicitur esse suum alicuius, quod ad ipsum ordinatur. Sicut servus est domini, et non e converso: nam liberum est, quod sui causa est.« Der Rechtssatz: Jedem das Seine, wird hier erläutert durch das Beispiel: Jedem Herrn sein Sklave[121].
Deutung b) ergibt: Jedem das, was ihm – eigentlich – sein soll. Bei dieser Ausdeutung des logischen Spielraums gewinnt unsere Formel eine sozialrevolutionäre Dynamik, die man ihr ursprünglich gar nicht zugetraut hätte. Sie entspricht jetzt dem primären Naturrecht der Scholastik, nach dem die Erde ursprünglich Eigentum aller war. Bereits in unserer Cicerostelle klingt diese (wohl stoische) Vorstellung an: »Sunt enim privata nulla naturā, sed aut vetere occupatione ... aut victoria ... aut lege, pactione, condicione, sorte.« Dieser sozial-progressive Argumentationshintergrund scheint nun auch die Formulierung in der Sozialenzyklika »Populorum progressio« Papst Paul VI. vom 26. März 1967 zu bestimmen[122].
Im 23. Kapitel wird an Hand eines Ambrosiuswortes die Dynamik des primären Naturrechtes beschworen: »Non de tuo largiris pauperi, sed de

---

120 A. M. Knoll, Katholische Kirche und scholastisches Naturrecht, Wien 1962, S. 23ff. und Anm. 31 S. 97.
121 Knoll S. 29: »Noch 1929 erklärten belgische Scholastiker, und sie hatten offenbar den Kongo vor Augen, daß ›die koloniale Zwangsarbeit nicht unbedingt dem Naturrecht widerstreitend‹ sei«.
122 Der lat. Text wurde zitiert nach: Enzyklika »Populorum progressio« Lateinisch-deutsch, Paulinus-Verl. Trier 1967 = Nachkonziliare Dokumentation Band 4.

suo reddis. Quod enim commune est in omnium usum datum, tu solus usurpas. Omnium est terra, non divitum.« Freilich ist die sozial-revolutionäre Dynamik, die in diesem Zitat anklingt, nicht für den Tenor der Enzyklika charakteristisch; bereits die Worte aus dem 1. Johannesbrief, die das 23. Kapitel einleiten und zu dem Zitat des Mailänder Bischofs überleiten, entsprechen der sozial-karitativen Grundeinstellung der traditionellen kirchlichen Sozialllehre, die auf dem sozialen Status quo aufbaut, ihn also nicht grundsätzlich in Frage stellen kann: »Qui habuerit substantiam huius mundi et viderit fratrem suum necessitatem habere et clauserit viscera sua ab eo...«.

In der angedeuteten Weise kann sich zwanglos eine kleine Unterrichtseinheit entfalten, die zunächst vom Ausgangspunkt – in diesem Falle einem Kapitel aus De officiis – wegführt, das Thema kritisch umkreist und über Thomas von Aquin, Ambrosius und »Progressio populorum« wieder zu Cicero zurückfindet.

Daß eine kritische Neuorientierung des Unterrichts in den »classics« nicht aufgeschoben werden darf, ist wohl den meisten klar, die sich heute noch für die Antike engagieren. Der altsprachliche Unterricht konnte sich nach dem Zusammenbruch im Schatten der Restauration leidlich erholen, es ist ihm aber nicht gelungen, aus der Isolation herauszukommen. Daß die Philologen – nach Hartmut von Hentig – den Feind »intra muros« haben infolge obsoleter Arbeitsweisen, ist zum geflügelten Wort unter den »Altsprachlern« geworden. Das letzte Stück traditioneller Sicherheit bieten konservative Strukturen unserer Gesellschaft. Es macht nachdenklich, wenn man liest, daß in den fortschrittlichen Demokratien des Westens der antike Traditionsstrang unserer Kultur aus dem Bereich des gymnasialen Unterrichts weitgehend verschwindet, weil diese Tradition als Teil einer restaurativen Standesideologie aufgefaßt wird (Leitbegriffe: Welt der Werte; abendländisches Menschentum; Bildungsgüter). Tatsächlich zwingen noch heute die Lesestücke in den meisten lateinischen Übungsbüchern den unterrichtenden Philologen zu ständiger Auseinandersetzung mit fragwürdigen Inhalten, mit Texten, in denen die römische »Wertwelt« unkritisch verklärt wird. Teilweise liegen diesen Übungsbüchern Vorlagen zugrunde aus einer Zeit, in der auch »Humanisten« für faschistoide Ideen durchaus aufgeschlossen waren (– man denke z. B. an die Idee des »antiken Führertums« –). Eine ideologiekritische Untersuchung weitverbreiteter Lateinbücher wäre sicherlich aufschlußreich, dürfte aber kaum deprimierender ausfallen als einschlägige Untersuchungen über das deutsche Lesebuch.

Es ist im Rahmen dieser Arbeit nicht möglich, die Bedeutung der antiken Tradition für unser Welt- und Selbstverständnis auch nur umrißhaft herauszustellen; es kam mir aber darauf an, einen – wie ich vermute – vernachlässigten Aspekt philologisch-pädagogischer Textanalyse zu verdeutlichen.

Wer als Schüler mehrere Jahre hindurch altsprachliche Texte im Original gelesen hat, verfügt über ein umfangreiches Repertoire von grammatisch-rhetorischen Kategorien, so daß sich ein Übergang von der grammatischen in die logisch-semantische Ebene während der letzten Gymnasialjahre geradezu anbietet. Man denke an subtile Differenzierungen wie »Potentialis der Vergangenheit« (crederes: man hätte glauben können), aber auch an den lateinischen »Accusativus cum Infinitivo«, der sich zum Teil mit der von Sprachlogikern analysierten Kategorie der »performatory phrases« zu decken scheint[123]. Bezeichnungen wie »deskriptiv« und »präskriptiv« eignen sich zur Unterscheidung von Verben mit verschiedener Konstruktion, z. B. monere oder persuadere mit folgendem ut-Satz (dem kuriosen »Begehrsatz« der Schulgrammatik) oder mit dem A.c.I.

Ferner begegnen dem Gymnasiasten im Laufe seiner Schulzeit eine Fülle rhetorischer Termini (rhetorisch im engeren Sinne, wenn man bedenkt, daß auch bestimmte grammatische Kategorien, wie der erwähnte Potentialis der Vergangenheit, rhetorische Funktionen erfüllen): Anakoluth, Aposiopese, Hyperbel, Metapher, Prägnanz, Tropus, Synekdoche (= pars pro toto und genus pro specie), um nur einige zu nennen. Wenn wir in einer Cicerorede die Figuren der rhetorischen Ironie (»nimirum«, »scilicet«) oder der praeteritio (»omitto innumerabiles ...«) feststellen, dann verdeutlichen wir auch die strategische Leistung, die pragmatische Funktion dieser Aussageform.

Der altsprachliche Unterricht legt aber nicht nur die Grundlagen für eine literaturwissenschaftliche Betrachtung, indem er methodische Grundbegriffe und Elemente einer empirischen Literaturwissenschaft erarbeitet; Erziehung zum kritisch-distanzierten Lesen entfaltet sich zwanglos in einem methodenbewußten Sprachunterricht.

Wenn man für die Inhalte antiker Texte den von Schadewaldt[124] entwickelten Modellbegriff (– Antike bietet keine exempla, sondern instruktive Modelle für die verschiedenen Formen des Weltverhaltens –) dahingehend präzisiert, daß Modelle heuristische Funktion haben, daß sie Einblick in wichtige Formen menschlicher Welt- und Selbstdeutung gewähren, aber – als Modelle – grundsätzlich überschritten werden müssen, dann werden im Umriß die Möglichkeiten eines sprachkritisch orientierten Gymnasiums sichtbar, das nicht nur im Stadium der fortgeschrittenen

---

123 Zu diesem Begriff vgl. Albert, Wertfreiheit als methodisches Prinzip, in: Logik der Sozialwissenschaften S. 202 Anm. 5 (mit Literaturangaben). Nicht deskriptiven, sondern performativen Charakter hat z. B. die Aussage: »Ich verspreche Ihnen, morgen zu kommen« (Aussage als Teil des Vollzugs der Handlung; im Lat. vgl. man die Gruppe: hoffen, versprechen, geloben, drohen mit Inf. Fut.).

124 W. Schadewaldt, Das Weltmodell der Griechen, Hellas und Hesperien S. 426 ff. (Zürich 1960).

Industriegesellschaft eine Chance hat, sondern eine wichtige gesellschaftliche Aufgabe erfüllen kann, die sich in die Worte fassen läßt: Entwicklung kritischer Rationalität im Umgang mit bedeutsamen Texten unserer geistigen Tradition.

Sucht man aber – ritu philologorum – nach einem Motto für diesen Aspekt eines modernen Gymnasiums, dann bieten sich zwei Sentenzen an, hinter denen sich keine Immunisierungstaktik verbirgt.

Der erste Satz stammt von dem dorischen Komödiendichter Epicharmos (550–460 ante); nach ihm sind Nüchternheit und Skepsis »die Gelenke des Verstandes«:

νᾶφε καὶ μέμνασ' ἀπιστεῖν·
ἄρθρα ταῦτα τῶν φρενῶν.

In seinen Aphorismen zur Lebensweisheit zitiert Schopenhauer einen großen Moralisten des Altertums, den Stoiker Epiktet (etwa 60–140 post). Die dort angeführte Gnome[125] könnte dem Wortlaut nach auch von einem Epikureer stammen. Wir finden in ihr das humane Leitmotiv ideologiekritischen Bemühens; sie ist gleichzeitig pädagogischer Grundsatz eines rationalen Humanismus, der auf jeden dogmatischen Rekurs verzichtet, weil er die eigene Standortgebundenheit kritisch mitreflektiert:

ταράττει τοὺς ἀνθρώπους οὐ τὰ πράγματα, ἀλλὰ τὰ περὶ τῶν πραγμάτων δόγματα. –

– was Schopenhauer, »damit es keinem entgehe«, folgendermaßen ins Lateinische übersetzt:

»Commovent homines non res, sed de rebus opinions.«

---

[125] Bd. IV, S. 389 der Ausgabe der Wissenschaftl. Buchgesellschaft Darmstadt.

C
ANHANG

I.
Menenius Agrippa erzählt eine politische Fabel

*Beobachtungen zur Struktur und Funktion
einer primitiven Herrschaftsideologie*

Thema dieses Aufsatzes[1a] ist eine sprach- und ideologiekritische Untersuchung der bekannten Parabel vom Streit zwischen Magen und Gliedern. Nach der Darstellung des römischen Historikers Livius (Livius, 2. Buch, Kapitel 32) wurde diese Fabel von dem Patrizier Menenius Agrippa, dem sagenhaften Konsul des Jahres 503 v. Chr., im Jahre 494 den Plebejern vorgetragen, die während der Ständekämpfe in der sog. ersten *secessio plebis* die Stadt Rom verlassen hatten und sich auf einem Berg in der Nähe der Hauptstadt zum ersten römischen Generalstreik niedergelassen hatten. Diese politische Fabel habe – so berichten Livius und andere Autoren – die Plebejer zur freiwilligen Rückkehr veranlaßt. Nach zähen Verhandlungen, bei denen auf diese Fabel keinerlei Bezug mehr genommen wird, kommt es schließlich zur Einrichtung des Volkstribunates, also einer eigenen politischen Behörde zum Schutze des Volkes mit eigenen und zum Teil außerordentlichen Befugnissen.

Weder dieser imposante Generalstreik einer ganzen Bevölkerungsschicht noch die Rolle des Menenius Agrippa sind historisch verbürgt; beide Berichte stellen er-klärende und ver-klärende Projektionen dar, zurück in eine frühe Zeit. Je weniger nämlich die Ereignisse verbürgt sind, je weiter sie zurückliegen, je vager und unbestimmter infolgedessen die Kunde von der Vergangenheit ist, um so großartiger stellt sich Vergangenes für das römische Geschichtsbewußtsein dar. Die Ahnen heißen bei den Römern nicht von ungefähr *maiores*, die Größeren. Je mehr Personen und Ereignisse in grauer Vorzeit verschwimmen, desto grandioser und erbaulicher wird die Schilderung. Wenn Thukydides (I, 21) von den Ereignissen der griechischen Frühzeit sagt, daß τὰ πολλὰ ὑπὸ χρόνου αὐτῶν.. ἐπὶ τὸ μυθῶδες ἐκνενικηκότα, daß also »das meiste infolge der Einwirkung der Zeit ins Mythenhafte übergegangen ist«, dann hat diese Formulierung anthropologisches Gewicht; der griechische Historiker hat eine Verhaltenskonstante entdeckt, eine psychologische Gesetzmäßigkeit, die immer dann wirksam wird, wenn der Mensch versucht, deutend Ereignisse der Vergangenheit zu ›bewältigen‹[1b]. (Man denke z. B. an den Mythos von der Himmelfahrt und Vergöttlichung des Romulus.) Die psychologische Perspektive verläuft eben umgekehrt zur architektonischen; während eine lange, eintönige Häuserfront perspektivisch zusammenschrumpft, während Eisenbahnschienen in der Ferne zusammenzulaufen scheinen, wächst sich die Vergangenheit zu ihrer eigenen Größe aus: je weiter entfernt, desto größer, desto bedeutsamer. »Und allem Anfang wohnt ein Zauber inne...«. Mangelndes Faktenwissen wird durch ›grandezza‹ der Darstellung kom-

---

1a Erstveröffentlichung in: Der altsprachliche Unterricht, Reihe XIII Heft 4 1970 (Klett Verlag Stuttgart) S. 50–77
1b Kann man Herodot I 1 ... ὡς μήτε τὰ γενόμενα ἐξ ἀνθρώπων τῷ χρόνῳ ἐξίτηλα γένηται und Thukydides I 21 καὶ τὰ πολλὰ ὑπὸ χρόνου αὐτῶν.. ἐπὶ τὸ μυθῶδες ἐκνενικηκότα als komplementäre Aussagen verstehen? Dieses Problem verdient eine eigene Untersuchung.

plettiert, die Wissenslücken werden nach den Gesetzen der Phantasie und des nationalen Wunschdenkens geschlossen (*horror vacui!*). Kaiserzeitliche Autoren wie Tacitus wissen darum: ihnen bleiben nur die schmutzigen Details der Zeitgeschichte – *nobis in arto et inglorius labor* –, während Autoren, die *ab urbe condita* schreiben, die literarische Chance haben, *laetius extollere,* d. h. die Wirklichkeit phantastisch zu erhöhen und ihren eigenen politischen Glauben in der Vergangenheit zu entdecken. Beschränkung auf die Zeitgeschichte bedeutet für Tacitus Verzicht auf Autorenruhm.

Beachtet man diese verklärend-erbauliche Tendenz der republikanischen Historiker, dann wird z. B. die Darstellung der römischen Frühzeit im Geschichtswerk des Livius sozialpsychologisch und ideologiekritisch bedeutsam. Die Römer suchten ihre politische Identität in der Vergangenheit, in dem, was groß war; die politische Grundhaltung ihrer Nationalliteratur ist konservativ. *Novae res* – was bekanntlich auch Umsturz und Revolution bedeutet – und *homines novi* waren ihnen verdächtig, während bei den Athenern offenbar die intellektuelle Neu-gier zeitweilig überwog, wie noch der Autor der Areopagrede in der Apostelgeschichte bezeugt: Die stereotype Frage der Athener allem Ungewöhnlichen und Fremden gegenüber lautete: τί καινότερον, also: »Was gibt's noch Neueres?« – Die Römer trugen konsequent ihr politisches und nationales Wunschdenken in die spärlichen Fakten der Frühzeit hinein. Unverbürgtes, Fabelhaftes, Unwahrscheinliches (man denke etwa an Mucius Scaevola, der seine linke Hand im Feuerbecken Porsennas verkohlen läßt) verbindet sich mit bruchstückhafter Überlieferung und mit tradierten Namen, an die sich wiederum Geschichten anhängen (Scaevola z. B. als ›Linkshänder‹ gedeutet), die ursprünglich vielleicht einer anderen literarischen oder vorliterarischen Erzählform angehören. Man kann daher den nationalen Glauben der Römer, bzw. ihre politische Ideologie, an den Geschichten und Gestalten ihrer Vergangenheit geradezu ablesen. Unter diesem Gesichtspunkt wäre dann aber z. B. die römische Frühgeschichte in der Darstellung des Livius als Schullektüre aktueller und aufschlußreicher als etwa Hannibals Alpenübergang oder die Schlacht bei Cannae.

Bevor wir nun zur Sache kommen, müssen wir den Werkzeugsatz bereitstellen, mit dem wir den Gegenstand dieser Untersuchung, die livianische Fabel, analysieren wollen. Dabei werden wir auf Begriffe stoßen, die zur Deutung antiker Texte nur selten herangezogen werden: Wir bedienen uns der Sprache der Soziologie und Ideologiekritik. Das Vokabular, das wir verwenden, ist zwar bereits Primanern geläufig, wir können allerdings, soll unser Werkzeug brauchbar sein, nicht darauf verzichten, unser Begriffsrepertoire zu klären und an Beispielen zu konkretisieren. Begriffe sind zwar – in Abwandlung eines Wortes von Novalis – Netze; und nur

wer auswirft, wird etwas fangen. Als Schüler des Sokrates wissen wir aber, daß Begriffe – und erst recht politische Schlagworte — zunächst eindeutig sein müssen, soll ihre Anwendung auf die Fakten ergiebig sein.
Überhaupt wird es vorteilhaft sein, wenn ich meine Leser auf das vorbereite, was ich ihnen zumuten will. Ich verstehe unsere Fabel als Modellfall einer primitiven Herrschaftsideologie. Sucht man einen trivialen Untertitel, so kann man die Frage eines Schülers der Obersekunda hierher setzen: Wurden die Menschen ›schon immer‹ manipuliert? Diese Untersuchung soll also einen Beitrag liefern zur politischen Erziehung und zur kritischen Aufklärung im Rahmen des Lateinunterrichts. Dazu wird sich unsere politische Fabel infolge ihrer Naivität, Einfachheit und leichten Durchschaubarkeit vielleicht besonders eignen. Je einfacher ein Denkmodell ist, desto instruktiver, anregender, kann es sein, wenn man sich entschließt, es denkend zu überschreiten[2].

I. Sprachkritik als Ideologiekritik – ein antizipierter Exkurs

a. Begriffsuntersuchungen

1. Herrschaft

Unter Herrschaft im soziologischen Sinne verstehen wir das gesamte Kontrollsystem, auf dem die Stabilität einer Gesellschaftsordnung beruht. Die Regierung wäre dann zu definieren als diejenige Machtgruppe, die diese Ordnung offiziell (= legal) repräsentiert, also am Status quo existentiell interessiert ist. Die herrschende Gruppe kann man prinzipiell als konservativ bezeichnen (›konservativ‹ ist hier kein politisches Werturteil!), d. h. sie wünscht Stabilität des Systems, dessen Negierung einer Selbstpreisgabe gleichkäme. Konformes Verhalten der Bürger wird von daher als Loyalität gedeutet und prämiiert. *Teneamus cursum*! (Cicero) lautet das politische Glaubensbekenntnis der jeweils Herrschenden.
Platon – nicht nur Ideenphilosoph, sondern ein konstruktiver Soziologe[3] – hat als Grundstruktur der Herrschaft ein dreigliedriges Schema nachgewiesen:

Herrschende	Wächter	Beherrschte
ἄρχοντες	φύλακες	ἀρχόμενοι

›Wächter‹ nennt Platon das Kontrollorgan der Herrschaft. φυλάττειν – das zugehörige Verbum – hat eine breite Bedeutungsskala; sie reicht von

---

2 Wir sprechen auch von der instrumentalen Funktion eines Modells. Die Frage: Was leistet ein Textmodell gehört in die sog. Pragmatik. Die moderne Texttheorie trennt die pragmatische Aussagedimension von der syntaktischen und von der semantischen Ebene ab und betrachtet sie als einen Textbereich sui generis.
3 Zu dem Stichwort: Platon als ›Soziologe‹ vgl. man das Kapitel: ›Platons deskriptive Soziologie‹ in dem Werk ›Die offene Gesellschaft und ihre Feinde‹ von Karl R. Popper, Bd. 1 (›Der Zauber Platons‹), S. 64–125. – Auch die provozierende These von Ernest Gellner, in: Thought and Change, Chicago 1964, S. 84, sei – als Denkimpuls – mitgeteilt: Platonismus – eine ziemlich wertlose Philosophie, aber eine ausgezeichnete Soziologie.

vigilare und *custodire* über *tueri* bis zu *servare* und *conservare*. Der Wächterstand bildet eine gesellschaftliche Institution mit primär bewahrender Funktion; dieser Funktion entspricht ein konservatives gesellschaftliches Bewußtsein. In der platonischen Konzeption sind die φύλακες nicht Garanten des Status quo, sondern Wächter eines dynamischen Programms, denn die Philosophenkönige werden sich ständig darum bemühen, die gesellschaftliche Wirklichkeit asymptotisch der Ideenwelt anzunähern. Wenn wir die Wächter als konservativ bezeichnen, so aus folgenden Gründen:

Platon erweiterte die Dichotomie ›Herrschende–Beherrschte‹ zu einem Drei-Stände-Staat. Er erfaßte mit dieser Konzeption eine gesellschaftliche Grundstruktur, die – unabhängig vom ›Idealprogramm‹ der Könige – für jede komplexe Gesellschaftsform gilt: Zwischen Herrschende und Beherrschte schiebt sich eine breite vermittelnde Schicht mit innenpolitischer (– ›social control‹ –) und außenpolitischer (Kriegerstand; Defensivhaltung) Stabilisierungsfunktion. Dieses Gesellschaftsmodell ist soziologisch bedeutsam. Es ist möglich, diese Gesellschaftstheorie zu aktualisieren, wenn man von der platonischen ›Staatsmetaphysik‹ absieht und die soziologische Struktur und Funktion des Modells sichtbar macht. So wird z. B. im modernen Staat der Wächterstand durch den Beamtenapparat repräsentiert; Bürokratie nennt man die entsprechende Organisationsform. Justiz, Polizei, Militär, die Lehrerschaft, sind typische Untergruppen des Zweiten Standes.

Als bewahrende und bewachende Klasse (man denke an Platons Vergleich mit den Wachhunden!) sind die Wächter in Ausübung ihrer ›Standespflichten‹ konservativ, und zwar unabhängig von einem statischen, progressiven oder idealutopischen Herrschaftsprogramm. In der ›Politeia‹ sollen die Wächter das von den Philosophenkönigen als richtig Erkannte und intuitiv Geschaute schützen und bewahren. *Philosophi ideas intuentur, custodes praecepta eorum tuentur* – so könnte man den Unterschied zwischen den beiden Ständen formulieren. In der politischen Praxis wird dieses *tueri* in der Regel ein *conservare* sein; als ἐπίκουροι und προπολεμοῦντες, als innen- und außenpolitische Ordnungsinstanz, σῴζουσι τὴν πολιτείαν

Das Kontrollsystem bedient sich zweier bewährter Mittel: Platon (Politeia 520) spricht von ἀνάγκη (= Zwang) und πειθώ (= Überredung). Moderne Soziologen sprechen davon, daß Herrschaft durch Zwang und durch symbolische Mittel aufrecht erhalten werden kann[4]. πειθώ gehört zu πείθειν, das dem lateinischen *persuadere* entspricht und wie dieses zwei Bedeutungen hat: überreden und überzeugen. πειθώ I (Überzeugung) will den Dialogpartner zur Einsicht führen. Der ›wahre‹ Staatsmann und Philosoph, Sokrates, hat sich dieses Ziel gesteckt. In der politischen Realität seiner Zeit kann Platon freilich nur πειθώ II (Überredung, also Beeinflussung, Manipulation) entdecken.

---

[4] Vgl. T. T. Segerstedt, Gesellschaftliche Herrschaft als soziologisches Konzept, Soziologische Essays, Luchterhand 1967, bes. Teil B, Kapitel 3: Gesellschaftliche Herrschaft durch Zwang und Symbole.

πειθώ II ist ein politisches Schlagwort der antiken sophistischen Rhetorik (›Gorgias‹). Die eigentlichen Ziele der politischen Einflußnahme (πλεονεξία: persönliche Bereicherung; ἄρχειν τῶν ἄλλων: persönlicher Machtzuwachs) werden dabei von den politischen Manipulatoren bewußt verborgen. Wer sich die Bedeutung der antiken Rhetorik klar machen will, der denke an ihre modernen Formen (Werbung, Reklame, Propaganda, Marktforschung, Meinungsbildung). Platon hatte eine genaue Vorstellung von dem, was wir heute Manipulation nennen. Er prägte dafür den Ausdruck πιστευτικὴ πειθώ. Alles weitere kann man im platonischen Dialog ›Gorgias‹ nachlesen[5].

Zwangsmaßnahmen setzen im allgemeinen erst dann ein, wenn die gesellschaftlichen Symbole versagt haben. Dafür drei Beispiele:

Beispiel 1: Polizisten verhaften einen Bankräuber.
Beispiel 2: Funktionäre der Staatspolizei führen einen sog. ›Gesinnungsverbrecher‹ ab, also einen Bürger, dessen politische Einstellung nicht systemkonform ist und der sich nicht scheute, seinen Nonkonformismus zu artikulieren.
In beiden Fällen haben ›Symbole‹ versagt, die ein bestimmtes moralisches bzw. politisches Verhalten garantieren sollten; beim Einbrecher versagte die Eigentumsmoral der Gesellschaft, beim politischen ›Abweichler‹ versagte die normative Kraft der offiziellen Parteidoktrin. In beiden Fällen wurde deshalb die symbolische Herrschaft durch Zwangsmaßnahmen abgelöst. Man könnte geradezu von einer Eskalation der Mittel sprechen, deren sich ein System bedienen muß, um funktionsfähig zu bleiben.
Beispiel 3: Man kann sich das Versagen eines einfachen Symbols am Beispiel des Fahnenflüchtigen verdeutlichen. Die Fahne, bzw. ihr Emblem, ist ein emotional wirksames Gruppensymbol. (Eine DDR-Fahne, auf dem Boden der Bundesrepublik während einer lokalen Sportveranstaltung gehißt, ist daher ein Politikum erster Ordnung!) Versagt bei einem Soldaten im Ernstfall (Krieg) das Symbol seiner nationalen Identität, die Landesfahne, dann reicht die Eskalation der Zwangsmittel, je nach dem Grad der ideologischen Geschlossenheit des Systems, von der Diskriminierung (›Ausstoßung aus der Armee‹) bis zur physischen Vernichtung (›Exekution‹) des Deserteurs.

2. Symbol

Keine Gesellschaftsordnung kam bisher ohne symbolische Herrschaft aus. Unter Symbolen verstehen wir in diesem Zusammenhang universale, aber indirekt wirksame Handlungsweisungen, also moralische, soziale, politische, nationale, ökonomische Imperative. Beispiel für Symbolsysteme: Das Grundgesetz, die Straßenverkehrsordnung, die Landesfahne, die Initialen einer Partei, die Transparente von politischen Führern (Mao, Che), aber auch Begriffe wie ›Freie Marktwirtschaft‹, der ›Freie Westen‹, das ›Christ-

---

5 Vgl. Gorgias 454–455 A: ἡ ῥητορική . . . πειθοῦς δημιουργός ἐστι πιστευτικῆς, ἀλλ' οὐ διδασκαλικῆς . . .

liche Abendland‹, ›Volksdemokratie‹. Der Davidstern ist ein sehr wirksames Symbol mit ambivalentem Wertgehalt; als emotionaler ›Auslöser‹ im Sinn der Verhaltensforschung löst er höchst unterschiedliche Reaktionen aus, je nachdem ob Zionisten oder notorische Antisemiten mit diesem Symbol konfrontiert werden.

Symbolische Herrschaft ist also ein gesellschaftlich wirksames Mittel der Einflußnahme auf dem Umweg über Symbole oder Zeichensysteme[6]. Symbole sind nicht nur universal verwendbar – man denke an die Allgegenwart der Waschmittelreklame –, sondern auch ökonomisch; symbolische Herrschaft ist mit sehr geringem Kraftaufwand von seiten der kontrollierenden Instanzen aus verbunden. Je wirksamer nämlich die symbolische Botschaft ist, desto kleiner kann der Funktionärsapparat sein (im Staat z. B. die Polizei; in der Wirtschaft die Handelsvertreter), weil Zwangsmaßnahmen bzw. gezielte direkte Aktionen (Vertreterbesuche) in gleichem Maße überflüssig werden, wie die entsprechenden Symbole funktionieren. Außerdem bleibt der Manipulator dabei im Hintergrund, seine Einflußnahme ist also persönlich wenig riskant. Denn wer sich über ein Plakat ärgert, kann zwar seine ohnmächtige Wut an dem Papier auslassen, das ihm dann freilich von der nächsten Anschlagsäule wiederum gelassen entgegengrinst. Die Manipulatoren selber, die uns auffordern, den Benzin-Tiger in den Tank zu packen, bleiben anonym, sind nicht zu fassen.

Die Wirksamkeit der Symbole beruht nun darauf, daß sie von den Symboladressaten, die man im Bereich der Wirtschaft (potentielle) Konsumenten nennt, ›internalisiert‹ werden, d. h. auf dem Wege der Verinnerlichung einer Bewußtseinskontrolle weitgehend entzogen werden.

Ein einfaches Beispiel mag das veranschaulichen: Die Reaktion: »Rotlicht! Stop!« wird nicht (– und darf nicht! –) vom Bewußtsein des Autofahrers kontrolliert, sie wird durch einen bedingten Reflex gesteuert. (Die Werbepsychologie bedient sich des gleichen Prinzips.) Symbole sind um so wirksamer, je weniger das Reaktionsvermögen des Weisungsempfängers durch Nachdenken über den ›Sinn‹ der symbolischen Botschaft gestört wird. Während nun aber das Einschleifen von reflexhaften Reaktionen in der Verkehrserziehung unentbehrlich ist, zeigt die Indoktrination von Denkhemmungen (= Tabus) in der gesellschaftlichen Erziehung verhängnisvolle Konsequenzen. Tabus halten nicht nur – nach einer Formulierung von Alexander Mitscherlich – »den Erkenntnisstand niedrig«, sie begünstigen

---

[6] Zum Symbolbegriff und zur Semiologie vgl. man: E. Cassirer (grundlegend), Philosophie der symbolischen Formen (Bd. I: Die Sprache), Darmstadt 1964. – S. K. Langer, Philosophie auf neuem Wege, S. Fischer Verlag 1965, vor allem Kapitel 2 (Symbolische Transformation) und Kapitel 5 (Die Sprache). – A. Martinet, Grundzüge der Allgemeinen Sprachwissenschaft, Urban-Buch Nr. 69, 1963. – Kursbuch 5, 1966, Suhrkamp Verlag, vor allem den grundlegenden Aufsatz von M. Bierwisch, Strukturalismus. Geschichte, Probleme und Methoden, S. 77 ff. – A. J. Greimas, Sémantique structurale, Larousse, Paris 1966. – R. Barthes, Mythen des Alltags, edition suhrkamp Nr. 92.

auch eine infantile Regression beim Erwachsenen und hemmen die »Ich-Reifung«, also die Entwicklung eines entscheidungsfähigen Gewissens[7]. Diese Folgen der Tabuierung werden von den herrschenden Gruppen gern übersehen, und unsere Wirtschaft lebt geradezu vom Einschleifen neuer Konsumgewohnheiten[8]. Da den Regierenden an Stabilität gelegen ist (Ruhe und Ordnung als erste Bürgerpflicht) und die marktbeherrschenden Gruppen nichts mehr befürchten, als daß ihre virtuellen Kunden Alternativlösungen für ihre Probleme entdecken, also z. B. die Konkurrenz bevorzugen, haben beide ein instinktives Mißtrauen gegen ein Denken in Alternativen, also gegen das, was sie als Aufklärung, Dauerreflexion, zersetzenden Intellekt diskreditieren. (Daß eine Gesellschaftsform möglich ist, die an Einsicht appelliert und auf Verführung verzichten kann, daß sich ein demokratischer Pluralismus konzipieren läßt, der nicht reflexionsfeindlich ist, der die Diskussion von gesellschaftlichen, ethischen und ästhetischen Alternativmodellen nicht nur zuläßt, sondern fördert und bejaht, ist unsere Hoffnung[9].)

3. Wertimplikationen im Sprachgebrauch

Die neuere Anthropologie (Ernst Cassirer, Susanne K. Langer) hat gezeigt, daß sich der Mensch als Wesen definieren läßt, das sich der Symbole bedient. Das wichtigste und wirksamste Zeichensystem, über das wir verfügen, ist die menschliche Sprache. Erst die Sprache ermöglicht Kommunikation, sie konstituiert also den Menschen als ζῷον πολιτικόν. Gesellschaftskritik hat daher mit Sprachkritik zu beginnen[10]. Beim Sprechen werden nämlich nicht nur die Gegenstände, Handlungen und Umweltbezüge benannt, vielmehr wird der Wirklichkeit in der Sprache eine bestimmte Werttönung verliehen (Be-deutung ist immer auch Wert-setzung, Sprechen ein intentionaler Akt), die als unausgesprochene, aber mit-gemeinte Handlungsanweisung oder Verhaltenssteuerung aufzufassen ist. Als Beispiel für Wertimplikationen im Sprachgebrauch vergleiche man folgende Reihe:

a) der im Kampf gefallene Soldat,
b) der von einer Bodenmine getötete Soldat,
c) der bei einem Überfall heimtückisch ermordete Soldat,
d) der wegen Spionage hingerichtete Offizier.

Das Ergebnis – *exitus letalis* – ist für die Betroffenen in allen Fällen gleich, die Wertung des Vorgangs (gefallen – getötet – ermordet – hingerichtet)

---

[7] A. Mitscherlich, Auf dem Weg zur vaterlosen Gesellschaft, Sammlung Piper, München 1965; im gleichen Verlag vom gleichen Verfasser: Die Unfähigkeit zu trauern, 1967.
[8] Auch ›Der weiße Riese‹ setzt ein künstliches Tabu, versucht Denk- und Vorstellungshemmungen zu suggerieren, denn das Plakat bedeutet: Du sollst keine anderen Waschmittel neben mir benutzen! Der eine Imperativ impliziert viele Prohibitive.
[9] Man vgl. das grundlegende Werk von Hans Albert: Traktat über kritische Vernunft, Tübingen 1968, bes. die Ausführungen des Verfassers zum theoretischen Pluralismus und zum Problem einer rationalen Politik.
[10] Zur Kritik der politischen Sprache vgl. man: T. D. Weldon, Kritik der politischen Sprache, Luchterhand, Neuwied 1962; ferner E. Topitsch, Mythos-Philosophie-Politik, Verlag Rombach, Freiburg 1969.

ist jeweils verschieden. Zu ›stolzer Trauer‹ ist z. B. im Falle d kein Anlaß. Das Verbum ›ermorden‹ (in der Binnenmoral ist jede beabsichtigte Tötung ein Mord) enthält einen unausgesprochenen Prohibitiv, eine negative Handlungsanweisung: Du sollst nicht... In der Außenmoral, dem Landesfeind gegenüber, spricht man dagegen von der Pflicht, den Gegner ›unschädlich zu machen‹, was freilich, wenn man den Kriegsstatistiken glaubt, als Pflicht, den Gegner unter Umständen zu töten, ausgelegt werden kann und auch ausgelegt wird. Freilich ist Tötung in diesem Fall nicht der Zweck, sondern ein leider unvollkommenes Mittel, um einen bestimmten Zweck, die Kampfunfähigkeit des Gegners, zu erreichen. Wer hier von ›morden‹ spräche (etwa in der Form: Soldaten ermorden ihre Gegner im Kampf), gälte zumindest als unfair oder böswillig. Noch vor einem Vierteljahrhundert hätte man solche Individuen unter Anschuldigung der ›Wehrkraftzersetzung‹ liquidiert. (Übrigens eine aufschlußreiche Metapher für Töten: Töten als Säuberung, als ein Akt der Reinlichkeit!)

Morden – töten – hinrichten – liquidieren: Worte informieren nicht nur über einen Bereich der Wirklichkeit, sie implizieren positive oder negative Verhaltensnormen, sie induzieren ferner eine emotionale Verhaltenssteuerung; wir haben z. B. Abscheu vor einem Menschen, ὅστις τοιαῦτά γε ῥέζοι[11].

4. Ideologie – Manipulation

Wir sagten: Gesellschaftskritik hat bei der Sprachkritik einzusetzen. Sprachkritik ist Voraussetzung einer Kritik der gesellschaftlichen Steuerungssysteme, der sog. Ideologien. Unter Ideologie verstehe ich in diesem Zusammenhang – im Anschluß an G. Bergmann, Th. Geiger und E. Topitsch[12] – »moralisch-politische Wertungen und Handlungsprogramme, die als Tatsachenaussagen verkleidet auftreten«. Ich verwende also den positivistischen, nicht den marxistischen Ideologiebegriff[13].

Ideologiekritik bemüht sich darum, durch kritische Durchleuchtung der politischen Sprache ideologische Umdeutungen der gesellschaftlichen Wirklichkeit zu demaskieren, die Taktik des Ideologen oder Manipulators zu durchschauen und ihn zu zwingen, mit offenen Karten zu spielen.

---

11 Grundlegend sind für den Problemkreis 2 Aufsätze desselben Verfassers: über Sprachlogik im Band ›Logik der Sozialwissenschaften‹, hrsg. v. E. Topitsch, in: Neue Wissenschaftliche Bibliothek 6, Kiepenheuer, 1966; ferner: Band 9: Kulturanthropologie, 1966, S. 50ff.: Phylogenetische und emotionale Grundlagen menschlicher Weltauffassung.
12 Zum Ideologiebegriff vgl. den Aufsatz von E. Topitsch, Begriff und Funktion der Ideologie, in: Sozialphilosophie zwischen Ideologie und Wissenschaft, Soziologische Texte Bd. 10, Luchterhand, ²1966. Dort findet man weitere Literaturangaben.
13 Marxistisch: Ideologie als ›falsches Bewußtsein‹, als ›Selbstentfremdung‹ des Menschen in der modernen Gesellschaft. Dieser ›linke‹ Ideologiebegriff ist deshalb problematisch, weil ich von jedem gesellschaftlichen Standort aus, den ich bezogen habe, die Ansichten meiner weltanschaulichen Gegner mühelos als ›falsches Bewußtsein‹ deuten kann. Durch diese ›linke‹ Strategie kann ich mir die Auseinandersetzung mit den Argumenten meiner Gegner ersparen. – Vgl. in dem gleichen Band S. 297ff. den Aufsatz: Entfremdung und Ideologie – zur Entmythologisierung des Marxismus.

Drei Beispiele für ideologische Äußerungen sollen diese Definition erläutern.

Beispiel 1: „Das Vaterland ist unser eigentlicher Vater" (Cicero). – Die volle Ausdeutung des ideologischen Gehaltes dieses Satzfragmentes aus ›De re publica‹ würde uns von unserem Thema allzuweit abführen (*patria*-Begriff mit dem Wert- und Gefühlsgehalt des Vaters; *patria* als Über-Vater [Über-Ich] konstituiert; patriarchalische Herkunft der Übertragung usw.). Für unseren Zusammenhang genüge die Beobachtung, daß Cicero mit der Kopula „ist" ein „soll es sein", meint, daß er also eine politische Wertung als Tatsachenaussage verkleidet, daß er den Indikativ setzt und den Konjunktiv meint.

Beispiel 2: Der Wahlslogan: „Wahlrecht ist Wahlpflicht." Auch in diesem Satz wird mit dem harmlosen „ist" Mißbrauch getrieben. Ein – vom Interesse des Wahlkandidaten aus gewünschtes – Sollen wird als ein Sein angegeben: Das Recht ist eine Pflicht. Das ist aber vom sprachlogischen Gesichtspunkt aus bestimmt falsch, denn sein Recht kann man wahrnehmen, man kann aber auch darauf verzichten. Wer aus dem Recht eine Pflicht macht, suggeriert mir die These: Du darfst, also sollst du, und wenn du dein Recht, das ›eigentlich‹ eine Pflicht ist, versäumst, bist du pflichtvergessen. Zweck dieser wahltaktischen Strategie ist eine Manipulierung der Gewissensentscheidung durch ein sprachlich und moralisch bedenkliches Mittel.

Beispiel 3: „Vernunft kennt keine Alternative." Dieser Wahlslogan mag geistig anspruchsvoll klingen. „Vernunft", „Alternative" sind schließlich keine Wörter der Umgangssprache. Mit diesem Satz wird also ein ›gehobener‹ Wählerkreis (›mit höherer Bildung‹) angesprochen. Der Titel dieses Plakates ist aber nichtsdestoweniger ideologisch, denn hier wird der Sprachgebrauch verändert und umgebogen, also manipuliert. (Dabei ist es für die kritische Analyse nebensächlich, ob die Verfasser ihre eigene Strategie durchschauen, also bewußt manipulieren.) Bei korrektem Sprachgebrauch ist das Finden von Alternativlösungen gerade die entscheidende Leistung der Vernunft. Dieser Satz will mir aber suggerieren, daß einem bestimmten politischen Programm gegenüber keine sinnvollen Alternativvorstellungen denkbar sind. Die Leistung der Vernunft ist also in ihr Gegenteil verkehrt, sie hat ein *sacrificium intellectus* zu bringen, sie soll darauf verzichten, anders — in Alternativen — zu denken. (Eine schärfere Analyse würde übrigens hinter diesem Slogan einen apologetischen Vernunftbegriff entdecken: Vernunft als Rechtfertigung einer bereits bestehenden Ordnung.)

In unserem dritten Beispiel wird also der Vernunftbegriff entwendet, in die politische Sprache übernommen und gleichzeitig korrumpiert. Dadurch werden bei den Konsumenten dieses Werbespruches ›semantogene Störungen‹ (Begriff der Sprachsoziologie) hervorgerufen, d. h. Störungen im Sprachfeld und somit im Sprachgebrauch[14]. (Diese kritischen Anmerkungen urteilen nicht über ein bestimmtes Wahlprogramm, sondern über die Methoden, für ein bestimmtes Programm zu werben.)

---

14 Ein geradezu klassisches Beispiel für eine semantogene Sprachstörung stellt die Äußerung eines prominenten Politikers dar, konservativ heiße nichts anderes als an der Spitze des Fortschritts stehen.

b. Die pädagogische Bedeutung eines gesellschaftskritischen Problembewußtseins: Ideologiekritik – ein Unterrichtsprinzip?

Wenn die Sprache das wirksamste Instrument ist, um Menschen zu steuern, sie also möglicherweise zu inhumanen Zwecken zu mißbrauchen (man denke z. B. daran, wie im 3. Reich die Juden systematisch als Feindgruppe aufgebaut wurden!), wenn ferner die Fähigkeit zu sachlicher Kritik den politisch-mündigen Staatsbürger ausmacht, dann ist Sprach- und Ideologiekritik auch ein pädagogisches Prinzip. Hat man sich erst einmal davon überzeugt, in welchem Maße die Sprache unserer Kommunikationsmittel (einschließlich der Sprache der Werbung, der gesellschaftlichen Gruppen und Verbände) bewußt und gezielt die Affektstruktur der Menschen anspricht, an die sie sich wendet, dann wird Kritik der Sprache zum Ausgangspunkt jeden Versuches, sich von der Suggestionskraft der Signale zu befreien; kritische Rationalität wird so zu einem zentralen Anliegen eines modernen ›Humanismus‹. Der Lehrer hätte dann, falls diese Voraussetzungen zutreffen, eine schwere, nach einem Wort von Alexander Mitscherlich nur dialektisch lösbare Aufgabe zu erfüllen; er müßte nämlich nicht nur in die Gesellschaft einführen, als deren Repräsentant er vor den Schülern steht, sondern er müßte gleichzeitig gegen ideologische Ansprüche seiner Gesellschaft kritikfähig machen[15].

Mit der grundsätzlichen Frage, wieweit das in den Fächern, die ich zu vertreten habe, in den alten Sprachen, notwendig und möglich ist, hoffe ich mich demnächst an anderer Stelle ausführlicher auseinandersetzen zu können. Im Rahmen dieser Ausführungen sollte der Exkurs über Sprache und Herrschaft auf die Probleme und Methoden sprach- und gesellschaftskritischer Untersuchungen aufmerksam machen, bevor wir die ›Magen-Glieder-Ideologie‹ des Menenius Agrippa analysieren.

II. Menenius Agrippa und die Fabel vom Magen und den Gliedern – Modell einer primitiven Herrschaftsideologie

a. Der lateinische Text

Placuit igitur oratorem ad plebem mitti Menenium Agrippam, facundum virum et – quod inde oriundus erat – plebi carum. Is intromissus in castra prisco illo dicendi et horrido modo nihil aliud quam hoc narrasse fertur:
tempore, quo in homine non ut nunc omnia in unum consentiant, sed singulis membris suum cuique consilium, suus sermo fuerit, indi-

---

[15] Vgl. den Abschnitt über »Die dialektische Funktion, die Erziehung erfüllen sollte« in seinem Buch ›Auf dem Weg zur vaterlosen Gesellschaft‹, S. 33ff.
Beispiele für solche kritischen Analysen: K. Jaspers, Wohin treibt die Bundesrepublik, Piper, München 1966; G. Hirschauer, Der Katholizismus vor dem Risiko der Freiheit, Szczesny-Verlag, München 1966. In beiden Büchern werden Texte und Äußerungen der ›Herrschenden‹ beim Wort genommen, auf ihre Schlüssigkeit untersucht und kritisch analysiert. Für beide Autoren ist Demokratie nicht eine Form der Herrschaft, sondern ein gesellschaftliches Lebensprinzip, das sich in kritischer Rationalität äußert.

gnatas reliquas partes sua cura, suo labore ac ministerio ventri omnia quaeri, ventrem – in medio quietum – nihil aliud quam datis voluptatibus frui; conspirasse inde ne manus ad os cibum ferrent, nec os acciperet datum, nec dentes quae acciperent conficerent. Hac ira, dum ventrem fame domare vellent, ipsa una membra totumque corpus ad extremam tabem venisse; inde apparuisse ventris quoque haud segne ministerium esse, nec magis ali quam alere eum, reddentem in omnes corporis partes hunc quo vivimus vigemusque, divisum pariter in venas maturum confecto cibo sanguinem.

Comparando hinc quam intestina corporis seditio similis esset irae plebis in patres, flexisse mentes hominum.

b. Paraphrase

Ursprünglich waren die Glieder des menschlichen Körpers nicht – *ut nunc* – harmonisch aufeinander abgestimmt; die Körperteile waren noch nicht sinnvoll koordiniert, sondern sie hatten eine gewisse Selbständigkeit und somit Eigen-mächtigkeit behalten. Da sie eigene Pläne und egoistische Vorstellungen hatten, fehlte ihnen noch völlig das Verständnis für die Funktionszusammenhänge und vorgegebenen Rangordnungen in einem Organismus. Ihr Autonomiegefühl führte sie zu ketzerischen Überlegungen: Der Magen, das anspruchsvolle Zentralorgan, läßt die Glieder für sich arbeiten; in zentraler Lage etabliert, genießt er in behäbiger Ruhe die Güter, die von den Gliedern tagtäglich herangeschafft werden. – Seine parasitäre Rolle wird als Provokation empfunden, gegen die sich das ›Gerechtigkeitsgefühl‹ der Glieder zornig empört. So bildet sich ein Streikkomitee (*conspirasse*...): Hände, Füße, Zähne verweigern ihren Dienst. Sie wollen einmal sehen, wie lange der Magen den Streik durchhalten kann, ohne selbst klein beizugeben. Doch nach einiger Zeit stellen die Glieder mit Bestürzung fest, daß sie selber immer schwächer und elender werden, je länger sie den Magen aushungern. So kommen sie schließlich zu der schmerzlichen Einsicht, daß der Magen ein gewaltiges Arbeitspensum bewältigen müsse, daß er also »nicht so sehr sich selbst ernähre« als vielmehr die gleichmäßige Versorgung des ganzen Organismus garantiere, daß er also eine unentbehrliche Verteilerfunktion ausübe, indem er die Nährstoffe an das Blut weitergebe.

Indem sie nun erkennen, daß ihre eigene Existenz vom Funktionieren des Magens abhängt, fassen sie den Beschluß, den Streik vorzeitig und freiwillig abzubrechen und durch ihre Rückkehr die alte Ordnung wiederherzustellen.

Der Zusammenhang

Beobachtungen zum Kontext, in den Livius die *narratio* vom Magen und den Gliedern einbaute (Liv. Kap. 32 und 33).

A. Kapitel 32: Die Situation nach der *secessio plebis* in der Hauptstadt.
(*a*) *Stimmung in der Hauptstadt: pavor – metus mutuus; suspensa omnia.* Der zurückgebliebene Teil der Plebs befürchtet Übergriffe und Strafmaßnahmen von Seiten der aufgebrachten Patrizier; die *patres* fürchten *residem in urbe plebem: quamdiu tranquillam quae secesserit multitudinem fore?* – Und was geschieht bei einem plötzlichen Überfall äußerer Feinde?
(*b*) *Die Aufgabe:* Wiederherstellung der *concordia civium.*
(*c*) *Die Mittel: per aequa vel iniqua – (sic!) reconciliandam* (sc. *concordiam*) *civitati esse* – also mit allen erdenklichen Mitteln, redlichen und unredlichen, soll die Plebs zurückgeholt werden. Entscheidend ist die Wirksamkeit der Mittel und der Erfolg der geplanten politischen Aktion.
(*d*) *Der Mann:* Menenius Agrippa; seine Vorzüge: redegewandt und plebejischer Herkunft, daher beim Volke beliebt. Seine Methode: keine Entschuldigung, weder Argumentation noch Agitation; Menenius wählt eine geradezu scheinheilige Rolle für seinen politischen Auftritt; mit dem understatement des Märchenerzählers trägt er eine Fabel – *narratio* – vor, und zwar *prisco illo dicendi et horrido modo:* nach altväterlicher Art, in betont schlichter, schmuckloser Rede, entfaltet er die *narratio* vom Streit zwischen Magen und Gliedern vor seinen einfachen Zuhörern[16]. Er versäumt freilich nicht, mit dem erhobenen Zeigefinger des professionellen Mythopoios, das ›*fabula docet*‹ aufzuzeigen und die politisch-moralische Nutzanwendung zu präzisieren: *intestina corporis seditio similis irae plebis in patres.*
(*e*) *Die Wirkung der Fabel: flexisse mentes hominum.*

B. Kapitel 33: agi deinde de concordia coeptum.
Bei den anschließenden politischen Gesprächen über die Verwirklichung der *concordia* geht es dann nicht mehr ›wie im Märchen‹ zu; das Verhandlungsklima ist politisch, denn es geht konkret-pragmatisch um das Aushandeln eines Kompromisses, um einen für beide Seiten akzeptablen modus vivendi. Menenius Agrippa kam ja nicht als Märchenerzähler, sondern als *orator,* d. h. als politischer Unterhändler mit speziellem Auftrag. Das Ergebnis der Verhandlungen ist durch weitgehende Zugeständnisse an die Plebs gekennzeichnet: Volkstribunen werden eingesetzt; ihr Status: sakrosankt; ihre Funktion: *auxilii latio adversus consules.*

Der Zusammenhang der beiden Kapitel läßt die Funktion der *narratio* deutlich hervortreten: sie soll *mentes flectere,* also emotional wirken. Die Plebejer sollen umgestimmt werden, Vertrauen soll geweckt (Menenius in der Vaterrolle vor den Plebejern, die dem Märchen lauschen), Vorwürfe entkräftet werden; die zentrale Bedeutung der *patres* wird hervorgehoben, die Unentbehrlichkeit ihrer ›Verdauungsleistung‹ herausgestellt, das Klima für die anschließenden innenpolitischen Verhandlungen sondiert. Unsere Fabel bietet also keinerlei politische Information, keine materialen Grund-

---

16 Menenius Agrippa gehört zu den *patres* und ist gleichzeitig plebejischer Herkunft. Er ist also in besonderem Maße dazu geeignet, vor der Plebs die Vaterrolle zu spielen. Als märchenerzählender *pater* drängt er die Plebejer in die Rolle der un-mündigen Kinder. Zur sozialpsychologischen Bedeutung des Vater-Kind-Schemas vgl. man W. Daim, Die kastenlose Gesellschaft, Manz-Verlag, München 1960, vor allem S. 226ff. (»Die infantilen Wurzeln des Kastengeistes – Dual- und Hierarchiestrukturen«).

lagen für den notwendigen politischen Kompromiß, sie suggeriert lediglich ein ideologisches Deutungsschema und fungiert – um einen Ausdruck von Roland Barthes zu verwenden[17] – als »performatorische Ouvertüre«, als erbauliches Präludium.

c. Versuch einer kritischen Analyse

Unsere Fabel schildert Vorgänge an einem lebenden Organismus; sie beschreibt das Verhalten der Glieder eines menschlichen Körpers. Dabei wird angenommen bzw. vorausgesetzt, daß dieser Organismus aus ursprünglich selbständigen Teilen zu einer Einheit zusammenwachsen mußte und daß diese Ko-alition (von *coalescere*!) durch die Meisterung einer Krisensituation (*secessio*) verwirklicht wurde. Das Vokabular, das der Fabelerzähler zur Schilderung dieser Krise eines Organismus verwendet, ist aber nicht biologisch, wie wir erwarten müßten, sondern politisch (man vergleiche den lateinischen Wortlaut, besonders die durch Sperrung hervorgehobenen Ausdrücke):

a) mangelnde ursprüngliche Einheit: *non in unum consentiunt*,
b) relative Unabhängigkeit der Teile: *singulis suum cuique consilium*,
c) Leistung der Glieder wird mit *cura, labor, ministerium* wiedergegeben,
d) negative ›Leistung‹ des Magens: *in medio quietum; datis voluptatibus frui*,
e) Aufstand und Generalstreik: *conspirasse*,
f) Einsicht der Glieder: *apparuisse ... haud segne ministerium ventris*.

Eine erste Beobachtung: Setzen wir – als Gedankenexperiment – für *membra* Bürger und für ›Magen‹ Regierung ein, dann wird die harmlose Fabel zu einer politischen Rede, in der die Konsequenzen einer bestimmten innenpolitischen Situation vom Standpunkt und vom Interesse der herrschenden Gruppe aus aufgezeigt werden. Das heißt aber: Die Vorgänge am Organismus sind bereits soziomorph gedeutet, der Körper ist als Sozialverband interpretiert. Was sich als Fabel gibt, ist nur die Verkleidung einer politischen Rede. Die Argumentation bewegt sich also in einem Zirkel: das ›*fabula docet*‹, die Nutzanwendung, holt aus der Fabel das politische Deutungsschema wieder heraus, das zuvor erst in die Fabel hineingelegt werden mußte, damit diese ihre rhetorische und demagogische Funktion erfüllen konnte. Zuerst mußte der Organismus als Staatsgebilde beschrieben werden, bevor soziale Analogien aus ihm abgeleitet werden konnten. Beurteilen wir vom Standpunkt der Logik aus diese Übertragung, so läuft die Analogie (Revolte im Körper = Revolte in der *res publica*) auf eine Tautologie hinaus: Wenn der Organismus als politischer Verband, als Staat, beschrieben ist, dann ist auch umgekehrt der Staat als Organismus aufzufassen (wenn $O = S$, dann $S = O$). In Wirklichkeit aber be-

---

[17] Zu diesem Ausdruck vgl. man den Aufsatz von R. Barthes: Historie und ihr Diskurs, übersetzt in: Alternative 62/63, Zeitschrift für Literatur und Diskussion, Dez. 68, S. 171 ff.

stehen keine notwendigen Beziehungen zwischen beiden Größen: weder ist der Körper politisch-hierarchisch gegliedert, noch ist der Staat organisch konstruiert.

Indem nun aber der politisch interpretierte Organismus als Analogie zur Erklärung einer politischen Situation verwendet wird, wird nicht nur der politischen Sphäre zurückgegeben, was ihr zukommt, nämlich das politische Vokabular; vielmehr wird der Staat durch diese Analogie gleichzeitig organizistisch gedeutet, er wird als lebender Organismus charakterisiert. (Wenn O = S, dann ist S auch O). Und diese unausgesprochene Schlußfolgerung (S ist auch O!) ist für die Wirkung unserer politischen Fabel geradezu ausschlaggebend. Nur in einem lebendigen Organismus ist nämlich die Existenz der Teile zwangsläufig abhängig vom Funktionieren des zentralen Organs. Das heißt aber konkret-politisch: Nur wenn die Regierung (= Patrizier) von der Plebs als Magen, als zentrales Verteilerorgan in einem Organismus, aufgefaßt wird, und wenn dieses Selbstverständnis der Regierung von den Beherrschten unreflektiert akzeptiert wird, kann die Fabel ihre politisch-pragmatische Wirkung entfalten.

Wenn aber ein Aufstand im Körper nur durch Unterordnung der Teile unter das Ganze beseitigt werden kann, wenn Rettung und Erhaltung der Teile von der intensiven Fütterung der Zentrale abhängen, dann muß – im Sinne unserer Fabel – die Regierungszentrale, d. h. die Patrizier, von der Plebs weiterhin gut gefüttert werden. Unsere Fabel impliziert also von ihrer Tendenz her nicht nur die Rückkehr zum Status quo, nicht nur freiwillige Wiedereingliederung der Plebs, sondern geradezu eine Wiedergutmachung durch intensive ›Nachfütterung‹. – Damit geht die Fabel freilich weit über das hinaus, was politisch-real erreichbar ist. Aber es gehört zur Eigenart emotionaler Führungssysteme, daß sie das Realisierbare überschreiten, um das Mögliche zu erreichen (Attrappen, auch und gerade politische, sind immer überkonturiert! Man vergleiche nur die Wahlplakate!)[18].

Der politischen Interpretation des Organismus entspricht also die organizistische Interpretation der ›Polis‹. Im Sinne unserer Definition ist demnach unsere Fabel ideologisch, da die Wert- und Deutungsabsichten bereits in das Modell hineingenommen wurden. Da die Aussage: »O = S, also S = O« tautologisch ist, ist sie zudem auch informationsleer; eine politisierte Fabel bietet schließlich keine politische Information. Freilich stützen sich Tautologien gegenseitig ab, denn wenn ich den Organismus politisiere, kann ich auch die ›Polis‹ vitalisieren.

---

18 Zum Begriff der Überkonturierung als einem wichtigen Merkmal der sekundären, symbolischen Welt vgl. man den Aufsatz von W. E. Mühlmann, Umrisse und Probleme einer Kulturanthropologie, in dem Band ›Kulturanthropologie‹, bes. das Kapitel: Überprägnante Modelle, S. 37 ff.

Der Organismus als Herrschaftsmodell impliziert eine massive Ideologie: Die organizistische Gesellschaftstheorie ist eine Vulgärform des politischen Holismus (to holon, das Ganze; der Staat ist ein Ganzes, und das Ganze ist wertvoller und wichtiger als die Teile), der seine Hochstilisierung in der Hegelschen Sozialphilosophie gefunden hat[19].

Die Gefährlichkeit einer organizistischen politischen Doktrin mag folgender Satz von E. Krieck verdeutlichen[20]. Das Zitat ist ein geradezu klassisches Beispiel für das faschistische Syndrom von Irrationalismus, Biologismus und Holismus: »Es erhebt sich mit dieser Revolution das Blut gegen den formalen Verstand, die Rasse gegen das rationale Zweckstreben, die Ehre gegen den Profit, die Bindung gegen die ›Freiheit‹ zubenannt Willkür, die organische Ganzheit gegen die individualistische Auflösung... Staat gegen Gesellschaft, Volk gegen Einzelmensch und Masse.«

Diese Worte eines führenden NS-Pädagogen aus dem Jahre 1933 zeigen, daß sich der politische Irrationalismus bis in unsere Zeit dieser Modelle mit Erfolg bedient. Es erscheint von daher nicht überflüssig, drei bedenkliche Konsequenzen unserer Fabel besonders hervorzuheben und Tendenzen aufzuzeigen, die implizit in der *narratio* des Menenius Agrippa bereits angelegt sind.

(1) Wenn Regierung = Magen, dann ist die Leistung des zentralen Verteilerorgans von den Gliedern nicht kontrollierbar. Das Arbeitspensum des Magens kann von den Händen und Füßen nicht nachgeprüft werden, es ist gegen einen solchen Versuch kritikimmun (primitives Beispiel einer Immunisierungsstrategie[21]). Damit hängt zusammen, daß die Vertreter eines organischen Staatsdenkens antirational eingestellt sind und kritische Vernunft diskreditieren. Wenn man nun die Bürger davon überzeugen kann, daß die Regierung ›in der Tiefe‹, ›im Verborgenen‹ arbeiten muß, dann ist ihre Leistung für ›zersetzende‹ Vernunft nicht mehr erreichbar.

(2) Überall dort, wo vom gesunden oder kranken Staat gesprochen wird, liegen organizistische Vorstellungen zugrunde[22]. Da der Organismus als Ganzheit wichtiger und wertvoller ist als die einzelnen Teile, kann die Zentrale im Krisenfalle

---

19 Vgl. E. Topitsch, Die Sozialphilosophie Hegels als Heilslehre und Herrschaftsideologie, Luchterhand, Soziologische Essays; derselbe: Marxismus und Gnosis, in: Topitsch, Soziologische Texte Bd. 10, S. 261 ff.
20 Das Zitat von Krieck ist entnommen dem Band: Welt der Politik, Lehrbuch der Sozial- und Gemeinschaftskunde, hrsg. v. H. Ritscher, Verlag M. Diesterweg, Frankfurt a. M. 1967.
21 Zum Begriff der Immunisierungsstrategie vgl. man Albert: Traktat über kritische Vernunft, passim; ders.: Modellplatonismus, in: Logik der Sozialwissenschaften, S. 406 ff. (Die Ausführungen Alberts sind grundsätzlicher Art, sie betreffen nicht nur, wie der Untertitel vermuten läßt, den »neoklassischen Stil des ökonomischen Denkens«). Im gleichen Band ist ferner heranzuziehen der Aufsatz von Topitsch über sprachlogische Probleme, bes. Abschnitt V, S. 24 ff.
22 Die ›phytomorphe‹ Variante – organizistische Modellvorstellungen aus dem pflanzlichen Bereich – verdient eine eigene Untersuchung. Ein Hinweis: Wir begegnen phytomorpher Metaphorik z. B. bei Pindar und Theognis in Verbindung mit dem aristokratischen Glauben an das Blut, die Rasse, die »gewachsene Art« (φύσις, φυή, ἐμφυὲς ἦθος, ἀρετὰ σύμφυτος). Ein aktuelles Beispiel für die vielseitige Verwendbarkeit dieser Vorstellungen: In der ›Welt‹ vom Montag, den 16. Oktober 1967, wird eine Äußerung des Papstes mitgeteilt, in der er die Laien zur Loyalität ermahnt (Zitat aus einer Papstansprache anläßlich des 3. Weltkongresses für das Laienapostolat): »Jeder, der ohne die Hierarchie oder gegen sie zu handeln versucht, ... kann mit dem Zweig verglichen werden, der sich selbst absterben läßt, weil er nicht mehr mit dem Stamm verbunden ist, der ihm den Lebenssaft spendet.«

(z. B. im Krieg) an die Opferbereitschaft der Teile appellieren. Notfalls müssen kranke Glieder sogar amputiert werden, um ›das Ganze‹ zu erhalten. (Organizismus als Rechtfertigungsstrategie für außergewöhnliche Maßnahmen. Beispiel: Juden – als Parasiten im ›Volkskörper‹ – müssen beseitigt werden[23].)

(3) Im Sinne unserer Fabel ist die Regierung (= Magen) ein Dienstleistungsbetrieb, d. h. im Dienste aller (*ministerium*) müssen einige wenige πλέον ἔχειν mehr haben: *aluntur ut alant* könnte man nach unserem Text formulieren. Nun ist aber in unserem Kontext die Vorstellung, daß gerade der Magen mehr haben muß, gegen Kritik ausgezeichnet geschützt. Stellen wir uns exempli causa einmal vor, die Plebejer wären standesbewußte Proletarier und würden mit Menenius diskutieren. Sie würden dabei etwa folgendermaßen argumentieren: Nun gut, wir sehen also ein, daß die *res publica* einen Magen braucht, bei dem alles zusammenfließt, der als Verteilerorgan fungiert und dabei selber recht gut wegkommt. Aber warum tauschen wir nicht einmal die Rollen? Wir schlagen also vor: Die Patrizier übernehmen zur Abwechslung einmal die Aufgabe der Glieder; wir Plebejer dagegen konzentrieren *cura, labor, ministerium* auf die Verdauung. – Dann bliebe dem Menenius Agrippa nichts anderes übrig, als eine ›scholastische‹ Strategie[24] zu verwenden und naturrechtliche Implikationen unserer Fabel zu entfalten. Er würde *prisco illo et horrido modo* etwa folgendermaßen fortfahren: Die Funktionen der Organe eines Körpers sind ein für allemal festgelegt. Hände und Füße können nun einmal nicht verdauen, sie sind naturâ dazu bestimmt, *ventri omnia quaerere*. Füße sind schließlich zum Gehen und nicht zum Verdauen da. *Quis vestrum est qui id neget?*

Faßt man diese hier nur angedeuteten Konsequenzen unserer Fabel ins Auge, dann stellt sich ein merkwürdiger Zusammenhang heraus zwischen organizistischer Argumentation und ständestaatlichen und naturrechtlichen Vorstellungen. Im Staatsorganismus, im ›Volkskörper‹, sind die Funktionen der Glieder nicht austauschbar, sie sind endgültig determiniert. *Suum cuique* – jedem das Seine, die berühmte Formel des klassischen Naturrechts, gehört in diesen Deutungszusammenhang[25]. »Jedem das Seine« ist aber in unserem Kontext zu interpretieren als »Jedem das Eine«, wozu er bestimmt ist, und dieses »Eine« ist durch eine natürliche Ordnung festgelegt.

Werden demnach die Formen der Herrschaft, die gesellschaftlichen Verhältnisse, als naturgegeben interpretiert, so sind die Herrschenden ein für

---

23 Das Johannesevangelium (Joh. 18, 14) drückt es ohne ideologische (organizistische) Verbrämung aus: »Kaiphas war es, der den Juden den Rat gegeben hatte, es sei besser, daß ein einziger Mensch sterbe für das Volk.«

24 Zum Begriff der ›scholastischen Strategie‹ vgl. man die Ausführungen von P. Honigsheim, Über die sozialhistorische Standortbezogenheit von Erziehungszielen, in: Schriften zur wissenschaftlichen Weltorientierung, Bd. VIII: Schule und Erziehung, Berlin 1960, S. 39–48. Honigsheim bezeichnet als scholastische Strategie jeden Versuch, eine nicht empirisch nachprüfbare These auf dem Wege (pseudo)rationaler Argumentation in apologetischer Absicht zu stützen und zu rechtfertigen.

25 Tatsächlich taucht diese berühmte Formel auch in unserem Text auf, freilich in ungewöhnlicher Verwendung: *suum cuique* (*consilium*) nicht protreptisch, als ethischer Imperativ, sondern mit einem negativen Wertakzent – implizite Warnung vor ›Individualismus‹ und sozialem Atomismus als der Ursache der *secessio* (Entfremdung). Insofern weist auch unsere Textstelle auf die vielseitige Manipulierbarkeit dieser klassischen ›Leerformel‹ hin. – Vgl. auch das Büchlein von H. Kelsen, Was ist Gerechtigkeit? Franz Deutike, Wien 1953, das als Schullektüre zu empfehlen ist, bes. Kapitel V: Die inhaltsleeren Formeln der Gerechtigkeit, S. 23ff.

allemal der Verantwortung enthoben, ihre Herrschaft zu rechtfertigen. Sie haben sich schließlich die Herrschaft nicht angeeignet, sondern sie haben ihre herrschaftliche Rolle bereits vorgefunden. Wer also diese Form der Herrschaft angreift, verletzt die natürlichen Rechte der Herrschenden, er greift letzten Endes nicht die Herrscher an, sondern die natürliche Ordnung, auf der ihre Herrschaft gründet. Für primärfeudale (aristokratische) und sekundärfeudale (faschistoide) Herrschaftsstrukturen ist die organizistische Interpretation der Herrschaft geradezu grundlegend (vom Ständestaat zum Führerstaat)[26].

d. Strukturelle Aspekte unserer Fabel

1. Das dialektische ›pattern‹

Unsere Fabel, deren Analyse zur Aufdeckung eines ideologischen Zirkels führte, ist aber auch unter einem strukturalistischen Blickwinkel aufschlußreich; sie läßt nämlich eine elementare Gliederung, eine beschreibbare Struktur erkennen, als deren situative Aktualisierung (Explikation) sie sich darstellen läßt. Ein dreigliedriges Schema, eine implizite Gesellschaftstheorie, wird hinter dem Wortlaut unserer Fabel faßbar, und dieses Gliederungsprinzip ist deshalb besonders aufschlußreich, weil es homolog strukturiert ist zu einem Denkmuster, das in der Hegelschen Sozialphilosophie eine universale Stilisierung und im Marxismus praktische Anwendung gefunden hat, während es sich andererseits bis in die gnostisch-neuplatonischen Systeme der Spätantike zurückverfolgen läßt[27]:

(1) Ursprüngliche Autonomie der Körperteile
(2) Seditio und Secessio, Aufstand und Spaltung
(3) Concordia, Wiederversöhnung und Neueingliederung auf Grund der gewonnenen Einsicht in die Funktion des Ganzen

Auf der dritten Stufe werden den revolutionierenden Gliedern die tödlichen Konsequenzen des Generalstreiks klar und somit dessen Unvernunft. Durch straffe Ein- und Unterordnung auf freiwilliger Basis schließt sich der Körper zu endgültiger organischer Einheit zusammen.

Eine primitive Gesellschaftstheorie bildet den Hintergrund unserer Fabel:

(1) Stufe der Autonomie: lockerer gesellschaftlicher Urverband; relative Autonomie der Individuen (Atomismus)
(2) Stufe der Se-cessio: Aufstand gegen den privilegierten Stand führt zur Trennung und Isolation der beiden Stände
(3) Stufe der Concordia: Einsicht führt zur Versöhnung, d. h. zur Integration, zum organischen Zusammenschluß

---

26 Zum Begriff ›sekundärfeudal‹ vgl. man wieder Daim: Die kastenlose Gesellschaft.
27 Zum mythischen Hintergrund der Hegelschen Philosophie ist wiederum zu verweisen auf Topitsch: Die Sozialphilosophie Hegels, bes. das Kapitel: Grundmotive des Hegelschen Systems, S. 15ff.

Überblenden wir diesen gesellschaftstheoretischen Ansatz mit dem dialektischen Dreischritt Hegelscher Prägung, so wird folgende Darstellung möglich:
(1) Der autonome Gesellschaftsverband provoziert – als These – den Aufstand der Plebejer.
(2) Die Antithese (Secessio; Hegel: Diremption) leitet einen Prozeß schmerzlicher Bewußtwerdung ein; dieser Prozeß führt
(3) zur Einsicht in die Funktion des Ganzen und zur Integration, also zu einer versöhnlichen Synthese.

Antithese und Synthese lassen sich auch beschreiben als:
Entäußerung und deren Rücknahme,
Entfremdung und deren Aufhebung,
Trennung (Diremption) und Wiedervereinigung,
Differenzierung und Integrierung,
Fall und Versöhnung (gnostische Variante),
πρόδρομος und ἀναγωγή = ἐπιτροπή (neuplatonische Variante).

Mit den angeführten Gleichungen erfassen wir freilich keinen genetischen, historisch rekonstruierbaren Zusammenhang zwischen unserer politischen Fabel und den Denkgebäuden der Gnosis und der Sozialmetaphysik. Das Deutungsschema, das wir entdeckten, entspricht vielmehr einer Art Brille, einem formalen Interpretationsmuster, das eine bestimmte Deutung der Wirklichkeit ermöglicht[28]. Meine Arbeitshypothese lautet: Der Fabel des Menenius Agrippa liegt ein Denkmuster zugrunde, dessen Ausformung für die dialektische Sozialphilosophie charakteristisch ist. Übereinstimmungen in sechs Punkten erlauben es, die beiden inkommensurabeln Gebilde hypothetisch zu vergleichen:

(1) Antithetische Dreigliederung (Gesellschaft – Spaltung – Gemeinschaft)
(2) Nicht die unterdrückte Lage der Beherrschten, sondern deren Eigenmächtigkeit (*suum cuique consilium*) als Ursache der Spaltung und Trennung (Individualismus als Krisenmotiv)
(3) Secessio als Vorgang der Diremption, der Entfremdung
(4) Wiedereingliederung als ἀναγωγή (= Zurückführung), Concordia als Aufhebung der Entfremdung, als Versöhnung
(5) Synthese, durch einen Prozeß der Bewußtwerdung eingeleitet *(apparuisse...)*
(6) Synthese, als organische Ganzheit beschrieben

Betrachtet man den Ansatz dieser Strukturuntersuchung als diskutabel, dann liefert unsere Fabel ein gesellschaftstheoretisches Modell von hoher Ursprünglichkeit, dessen philosophiepropädeutische Relevanz unserem Text einen Platz im politischen Unterricht zuweist.

---

28 Wie weit gilt der Satz: Der Mensch denkt, und die Struktur lenkt? In welchem Umfang bestimmen mentale Strukturen die Formen menschlicher Problemlösungen? Um die Beantwortung dieser Fragen bemüht sich der Strukturalismus (grundlegendes Werk: Die ›Strukturale Anthropologie‹ von Claude Lévi-Strauss). Eine Einführung in die strukturale Methode und eine – vorläufige – Sichtung ihrer Ergebnisse bietet: G. Schiwy, Der französische Strukturalismus, rde 310/11, 1969.

2. Unsere Fabel und das Instrumentarium Vilfredo Paretos

Nach diesem Blick auf die Struktur unseres Textes sind wir aber noch nicht am Ende unserer Untersuchung angelangt. Wir wollen die Textoberfläche noch intensiver ›abklopfen‹, um die psychologischen Implikationen der Argumentation aufzudecken. Argwöhnisch geworden, vermuteten wir bereits, daß die Vernünftigkeit, die Plausibilität unserer Fabel, Ausdruck einer bestimmten Taktik sein könnte, daß ihre Harmlosigkeit sich als Scheinheiligkeit herausstellen dürfte. Zunächst wurden wir auf den ideologischen Zirkelschluß in der Argumentation aufmerksam, dessen Konsequenzen im Abschnitt c. dieses Kapitels entwickelt wurden. Anschließend versuchten wir, die formale Textstruktur zu erfassen. Dabei wurde – wie auf einer Röntgenaufnahme – ›hinter‹ der Textoberfläche ein bestimmtes Deutungsschema als ›Textgerüst‹ sichtbar. Jetzt wollen wir unsere politische Fabel einer Art Psychoanalyse unterziehen, um den psychischen Mechanismus aufzudecken, der die Argumentation trägt. Damit verlassen wir freilich endgültig den Bereich des Interpretierens und begeben uns auf ein zu Unrecht von der philologischen Hermeneutik vernachlässigtes Gebiet, auf die pragmatische Ebene, die von den Beziehungen zwischen den Zeichen eines symbolischen Systems, z. B. der Sprache, und den Benutzern handelt[29].

Unter den ›Benutzern‹ verstehen wir in diesem Teil der Untersuchung nicht die Empfänger der Textbotschaft, die Plebejer, an die sich unsere Fabel wendet, sondern die Patrizier, bzw. ihren Sprecher und Repräsentanten, Menenius Agrippa, der diese Argumentationsform benutzt. Wir gehen also in diesem Abschnitt an die Fabel experimentierend heran und analysieren sie mit Hilfe eines Werkzeugkombinates, das Vilfredo Pareto eigens konstruierte, um die Motivationsstrukturen menschlichen Handelns und Sprechens zu entlarven. Das ›chirurgische Besteck‹ des berühmten italienischen Soziologen (1848–1923) ist dreiteilig; er unterscheidet Residuen-Derivationen-Derivate[30].

Residuen sind die Manifestationen von Instinkten und Gefühlen, zu deren Verschleierung bzw. Rechtfertigung die Vernunft eingesetzt wird.
Derivationen sind Scheinbegründungen oder Scheinrechtfertigungen von jeweils schon vorausgesetzten – bestehenden bzw. erwünschten – Sozialordnungen und Verhaltensnormen[31].

---

29 Die Pragmatik ist die pädagogisch relevante Textebene; der Schüler läßt sich geradezu als Benutzer von Texten definieren! – Literaturhinweis: Der Aufsatz von Albert im Band ›Logik der Sozialwissenschaften‹ mit dem Titel: Wertfreiheit als methodisches Prinzip, bes. Kapitel II: Die Sprache der Wissenschaft und die Sprache der Praxis, S. 183 ff.
30 Zu Paretos soziologischem Ansatz vgl. man F. Jonas, Geschichte der Soziologie, III, rde 306/7, 1969, S. 120 ff. Textauszüge aus dem ›Trattato di Sociologia Generale‹ S. 216 ff.
31 Formulierung nach der Einleitung zur deutschen Ausgabe von T. D. Weldon, Kritik der politischen Sprache, hrsg. v. E. Topitsch, S. 20.

Derivat ist das mit Hilfe der verschiedenen Derivationen abgeleitete und durch diese legitimierte politische Konzept oder Programm[32].

Mit seinen »derivazioni« erfaßt der italienische Denker Verhaltensweisen und Äußerungen, die wir als manipulatorische oder ideologische Strategien bezeichnen würden: Die Vernunft wird mißbraucht zur Scheinrechtfertigung vorgegebener Zwecke, die im Interesse bestimmter Gruppen liegen. Das ideologische Schema Paretos läßt sich folgendermaßen darstellen:

Wir sehen: Die Residuen sind relativ konstant, denn sie manifestieren den Instinkt- und Triebbereich. Die Derivationen dagegen – rationale Verkleidungen einer im Triebhaften wurzelnden Tendenz, die Ziele des Handelns vor sich und vor allem vor den anderen zu begründen und zu rechtfertigen – sind wählbar, flexibel, adaptiv, sie stellen situationsadäquate Deutungen dar und haben eine pragmatische Funktion. Da sich ›hinter‹ ihnen keine Wirklichkeit verbirgt, sind sie frei variabel, austauschbar, sogar umkehrbar. Derivationen im politischen Bereich sind ›Formeln der Macht‹, Legitimationsweisen von Herrschaftsstrukturen. Die kritische Analyse politischer Derivationen und deklamatorischer Appelle gehört in den politischen Unterricht. Ein Beispiel ist der wahltaktische Slogan: »Keine Experimente!« – Bei einer politischen Gruppe, die beschwörend auf »Sicherheit« insistiert, liegen folgende Rückschlüsse nahe: Residuum: Verunsicherung der Gruppe. Derivation: Der Ruf nach »Sicherheit«. Die eigene Unsicherheit wird als Sicherheitsverlangen in die Gruppe hineinprojiziert, die von dieser Losung angesprochen werden soll. Derivat: Absicherung der Gruppe, die den Appell ausgab.

Wenden wir auf unsere Fabel das Schema Paretos an, so ergibt sich folgende Darstellung:

Residuum: Das natürliche Interesse der Patrizier an der politischen Selbstbehauptung. Dieses elementare Gruppeninteresse (Existenzsicherung) bildet die Konstante ihres politischen Redens und Handelns.

Derivat (= das aus dem Residuum abgeleitete Konzept): Die bestehende – aristokratische – Gesellschaftsordnung, die nach dem Willen der Patrizier unbedingt beibehalten werden soll, weil sie das Residuum optimal repräsentiert.

---

32 G. Eisermann, Vilfredo Paretos System der allgemeinen Soziologie. Einleitung, Texte und Anmerkungen, Stuttgart 1962. Vgl. ferner: Vilfredo Pareto als Wissenssoziologe, in: Kyklos, Internationale Zeitschrift für Sozialwissenschaften, Vol. XV (1962), vom gleichen Verfasser.

Derivation: Der römische Legat demonstriert die Naturnotwendigkeit der aristokratischen Grundordnung durch die Fabel vom Magen und den Gliedern als der situationsadäquaten Strategie. *Concordia* ist präziser Ausdruck dieser Deckideologie. Sie entspricht dem Interesse der Patrizier, an der Macht zu bleiben, denn *concordia* bedeutet — als Quintessenz der Fabel — Rückkehr zum politischen Status quo. Die Patres verstehen unter *concordia* also den Consensus zu ihrer herrschenden Stellung. Mit diesem Begriff wollen sie ihre Herrschaft nach außen legitimieren und gleichzeitig verhindern, daß *concordia* von der out-group als Legitimationssymbol der in-group aufgefaßt wird. (Wer sich rechtfertigen muß, verliert dadurch an Glaubwürdigkeit.) Indem der Gesandte der Patrizier *concordia* in den Kontext der Fabel einbettet, benutzt er dieses Gruppensymbol, um die Plebejer im Sinne seiner Auftraggeber zu beeinflussen. Die Wert- und Gefühlstönung, also die Affektzone des Begriffs, soll eine Verhaltenskorrektur herbeiführen und die Plebejer veranlassen, zur ursprünglichen Ordnung zurückzukehren.

Von Paretos Derivationenlehre finden wir zum Ausgangspunkt unserer Betrachtung zurück und stellen ergänzend fest: Zwischen Herrschende und Beherrschte schieben sich nicht nur vermittelnde Klassen (z. B. die ›Wächter‹ in der ›Politeia‹), sondern auch symbolische Stabilisatoren (*patria;* Volkswille; *concordia* und andere). Der Mensch ist *animal symbolicum;* seine Moral, sein mitmenschliches und gesellschaftliches Verhalten, wird in hohem Maße durch Zeichensysteme gesteuert. Internalisierung symbolischer Botschaften ist eine wichtige Voraussetzung für die Gewissensbildung. Die Sprache als universales Symbolsystem ist ein Politikum höchsten Ranges; die πολιτικὴ τέχνη beruht zu einem großen Teil auf Symbolgebrauch, der freilich zum Symbolverbrauch degenerieren kann (man denke an den permanenten Konsum und Verschleiß von positiven Symbolen durch die marktbeherrschenden Branchen in der Strategie der Werbung)[33]. Sieht man von der Anwendung physischer Gewalt ab, so ist die politische Sprache das wirksamste Mittel, um Menschen langfristig zu steuern und zu beeinflussen. Durch eine kritische Analyse dieser Sprache wird nicht der Wert- und Affektgehalt der Begriffe zerstört, sondern der Mißbrauch bloßgelegt, den Ideologen aller Schattierungen mit der Sprache treiben, indem sie auf dem lohnenden Umweg über Wertbegriffe, die für den einzelnen bedeutsam sein mögen, Einfluß auf seine Entscheidungen nehmen, ihn für ihre Zwecke mißbrauchen.

---

[33] S. I. Hayakawa, Language in Thought and Action, deutsch: Sprache im Denken und Handeln, Darmstadt 1967, macht darauf aufmerksam, in welchem Umfang die Wirtschaftswerbung den positiven Wertbereich der Sprache ausbeutet. Er weist darauf hin, daß für den Dichter nur die negativen Seiten der Wirklichkeit übrig bleiben.

III. Eine elitäre Gegenideologie: das platonische Staats- und Seelenmodell (Kontrast und Ausblick)

Die Erzählung vom Magen und den Gliedern hat eine lange Geschichte; sie knüpft wahrscheinlich an orientalische Märchenmotive an und entspricht einer noch unreflektierten Sozialwelt mit massiv auf Kosten der einfachen Leute lebenden und prassenden königlichen Lenkern. Livius scheint dieses alte Erzählstück zu einer erbaulichen Ouvertüre umstilisiert zu haben[34].

Nun ist aber eine ›gastromorphe‹ Herrschaftsideologie, die sich eines naiv-massiven ›Naturrechtes‹ bedient, für ein differenziertes gesellschaftliches Bewußtsein nicht mehr tragbar; der Magen gilt schließlich nicht unangefochten als der edelste Körperteil; Verdauen ist nicht zu allen Zeiten unumstrittenes Privileg der Herrschenden. Bereits im frühgriechischen Epos wird eine ›ideologische‹ Tendenz spürbar; sie richtet sich gegen »geschenkeverdauende« (Ilias) und »geschenkefressende« (Hesiod, Erga) Könige[35]. Thersites, vom Dichter der ›Ilias‹ mit der Physiognomie des Untermenschen gezeichnet[36], Typus des wehrkraftzersetzenden intellektuellen Proletariers (Il. II, 246), versucht die Mannen zur Heimkehr zu veranlassen. Indem er die Ideologie dieses Krieges offensichtlich durchschaut (die kleinen Leute kämpfen, erobern und sterben; der Löwenanteil der Beute fällt den Königen zu[37]), stellt er den heroischen Ehrenkodex dieser ritterlichen Gesellschaft grundsätzlich in Frage und muß deshalb – ein gefährlicher Tabubrecher – in klägliche Unterwürfigkeit zurücksinken[38]. Als ›Frechling‹ (Θερσίτης von θρασύς) bereits in seinem Namen gebrandmarkt, büßt er wimmernd durch die Schläge des Odysseus seinen

---

34 Topitsch, der unsere Fabel beiläufig erwähnt, vermutet unteritalisch-pythagoreische Zusammenhänge (Mythos-Philosophie-Politik, S. 42). Auf jeden Fall ist es auffällig, daß eine soziomorphe Deutung des menschlichen Körpers erstmals bei Alkmaion von Kroton durchgeführt ist (Alkmaion, B 4 Diels). Bei diesem süditalischen Denker werden eindeutig politische Begriffe in die medizinische Fachsprache übertragen und zur Deutung des gesunden und des kranken Körpers verwendet. Im Gegensatz zu der homerischen Maxime: οὐκ ἀγαθὴ πολυκοιρανίη, εἷς κοίρανος ἔστω beschreibt Alkmaion die Gesundheit des Körpers als ἰσονομία δυνάμεων (aristokratisches Gesellschaftsideal), während der kranke Zustand des Organismus als ›Monarchia‹ vorgestellt wird. Wie Ernst Topitsch mit Recht bemerkt, liegt die Rückanwendung dieser Vorstellungen auf die Gesellschaft nahe, auch wenn sie von Alkmaion nicht ausgesprochen wird: wenn der kranke Körper als ›Monarchie‹ diagnostiziert werden kann (Störung der Isonomie), dann ist – in Rückanwendung auf die Gesellschaft – der monarchische Staat ebenfalls krank und somit das Gesellschaftsideal der griechischen Adelsrepubliken von der »Natur des Organismus« her legitimiert.
35 Wertvolle Beobachtungen zu beiden Stellen bei H. Munding, Hesiods Erga in ihrem Verhältnis zur Ilias, Klostermann, Frankfurt 1959, S. 22–29.
36 φολκὸς ἔην, χωλὸς δ' ἕτερον πόδα· τὼ δέ οἱ ὤμω
κυρτώ, ἐπὶ στῆθος συνοχωκότε· αὐτὰρ ὕπερθε
φοξὸς ἔην κεφαλήν, ψεδνὴ δ' ἐπενήνοθε λάχνη. (II, 217–19).
37 Vgl. dazu die eindrucksvolle Rede des Tiberius Gracchus in der Gracchusvita Plutarchs, Kapitel IX: Die römischen Soldaten ziehen nicht *pro patria* in den Krieg, ἀλλ' ὑπὲρ ἀλλοτρίας τρυφῆς καὶ πλούτου πολεμοῦσι καὶ ἀποθνῄσκουσι· κύριοι τῆς οἰκουμένης εἶναι λεγόμενοι, μίαν δὲ βῶλον ἰδίαν οὐκ ἔχοντες.
38 Thersites gehört zur Unterkaste; seine Kritik stellt daher die Adelsgesellschaft grundsätzlich in Frage. Nur Achilleus – selber Angehöriger der Oberkaste – kann es sich erlauben, den Heerführer grob zu beschimpfen. Kritik *inter pares*, auch wenn sie den *primus* betrifft, kann zwar beleidigend sein, sie ist aber nicht ›zersetzend‹, denn sie setzt die Existenzberechtigung der eigenen Gruppe voraus.

Übermut. Er hatte riskiert, dem Agamemnon ins Gesicht zu sagen (236/ 37):

οἴκαδέ περ σὺν νηυσὶ νεώμεθα, τόνδε δ' ἐῶμεν
αὐτοῦ ἐνὶ Τροίῃ γέρα πεσσέμεν, ...
„Wir wollen mit den Schiffen nach Hause fahren; diesen wollen wir hier in Troja seine Ehrengeschenke verschlingen und verdauen lassen."

In ähnlich scharfer Form hatte im ersten Gesang Achilleus, dessen plebejisches Zerrbild offenbar Thersites ist, dem Heerführer einen vernichtenden Titel beigelegt: δημοβόρος βασιλεύς – der Atride ist ein König, der »das Vermögen des Volkes frißt«[39]. Nicht weniger deutlich, wenn auch in einem anderen Zusammenhang, äußert sich Hesiod in den ›Erga‹: Er bezeichnet die bestechlichen Könige, »die das Recht beugen«, geradezu als »Geschenkefresser« – δωροφάγοι (Erga 221 und 264).
Auf eine zweite Tendenz in der frühgriechischen Literatur, die zu einer Abwertung der Organe *circa et infra umbilicum* führt, sei wenigstens hingewiesen: Im Musenprooimion der ›Theogonie‹ werden die Hirten von den Göttinnen der Dichtkunst als »faule Bäuche und Dauerfresser« (γαστέρες οἶον, Theogonie 26) apostrophiert, und der Aristokrat Heraklit wettert gegen den dumm-dumpfen Pöbel, der sich den Bauch stopfe wie das Vieh. Für ein anspruchsvolleres Publikum ist also eine andere Interpretation der Herrschaftsstruktur notwendig. Die Zentrale rückt gewissermaßen nach ›oben‹: über θυμός und φρένες in den νοῦς, also vom Magen in den Kopf. Die platonische Doktrin von der Vernunft als dem zur Herrschaft bestimmten Seelenteil und von den Philosophenkönigen, die in der idealen Politeia die Vernunft des Staatsorganismus repräsentieren, steht in Opposition zu unserer Fabel vom Magen und den Gliedern, sie bildet sozusagen die geistig-elitäre Gegenideologie.
Bekanntlich deutet Platon in der ›Politeia‹ die Seele ›soziomorph‹, als dreigliedriges hierarchisches Gebilde (Trieb-Affekt-Intellekt, lokalisiert in Bauch – Herz [thymos] und Kopf, mit den Funktionen: beherrscht werden, herrschen helfen und herrschen)[40]. Die mit Hilfe gesellschaftlicher

---

39 δημοβόρος, ein episches Hapax-legomenon, findet eine späte Wiederverwendung bei Philo Iudaeus (2, 561): der Autor charakterisiert mit diesem Epitheton den Kaiser Caligula! Mit dem Attribut δημοφάγος rechtfertigt Theognis den Tyrannenmord (1181):
δημοφάγον δὲ τύραννον ὅπως ἐθέλεις, κατακλῖναι
οὐ νέμεσις πρὸς θεῶν γίνεται οὐδεμία.
δημοφάγος ist ein jüngeres Synonym zu δημοβόρος. (Durch Interferenz von δημοβόρος [Homer] und δωροφάγος [Hesiod] ergibt sich δημοφάγος.)
40 Zur Kritik und Analyse der platonischen Seelenlehren sind heranzuziehen:
F. M. Cornford, Psychology and Social Structure in the Republik of Plato, Classical Quarterly VI, 1912, S. 246ff. – E. Topitsch, Vom Ursprung und Ende der Metaphysik, Wien 1958, bes. das Kapitel: Der Kosmos der Philosophie, S. 95ff. – Ders.: Die platonisch-aristotelischen Seelenlehren in weltanschauungskritischer Beleuchtung, Sitzungsberichte der Österreichischen Akademie der Wissenschaften, Phil.-histor. Kl., 233. Bd., 4. Abh., Wien 1959.– Ders.: Seelenglaube und Selbstinterpretation, in: Soziologische Texte Bd. 10, S. 181ff. – Ders.: Seelenvorstellungen in Mythos und Metaphysik, in: Mythos, Philosophie, Politik, S. 61ff – H. Kelsen, Seele und Recht, in: Kelsen, Aufsätze zur Ideologiekritik, Soziologische Texte Bd. 16, S. 56ff.

Begriffe konzipierte Seele wird dann auf die gesellschaftliche Wirklichkeit rückbezogen, die Gesellschaft also ›psychomorph‹ gedeutet. Demnach entspricht der ›wahre‹ Staat der hierarchisch gegliederten Seele, als deren vergrößertes Abbild er dargestellt und beschrieben ist.

Der Vergeistigung der Herrschaft – der Philosophenkönig repräsentiert das Logistikon der Gesellschaft – entspricht eine neue, asketisch-geistige Einstellung zum Besitz. Im Gegensatz zu Menenius Agrippa ist Platon davon überzeugt, daß Herrschaft und Besitz – und zum Besitz gehört auch der Genuß der Herrschaft – nie zusammenfallen dürfen[41]; das Privileg zu herrschen wird mit radikalem Verzicht auf jede Form des persönlichen Besitzes bezahlt. Von dieser asketischen Position aus wird erst die rigorose Forderung nach Frauen- und Kindergemeinschaft verständlich.

Daß aber auch die platonische Politeia entarten kann, daß sie zur subtilen Gegenideologie werden kann, der gegenüber die Fabel des Menenius Agrippa vergleichsweise als plump und harmlos erscheint, zeigen folgende Überlegungen:

1. Die Leistung der Zentrale (Kopf des Staates = Nous der Philosophenkönige) bleibt unkontrollierbar; auch sind solche Kontrollen nicht vorgesehen, jedenfalls nicht von Seiten der Beherrschten. Statt Kontrolle über die Herrschaft fordert Platon Vertrauen in die Herrschaft – Vertrauen dem Wort der Hirten gegenüber, um eine christliche Variante des platonischen Anspruchs zu gebrauchen.

2. Auch der platonischen Konzeption liegt ein Zirkel zugrunde, den man – mit einigem Vorbehalt – als naturrechtlich bezeichnen kann: Die als Herrschaftsgebilde gedeutete Seele wird als Urbild und Normgestalt aufgefaßt, der die ideale Politeia als ›Seelenstaat‹ gegenübersteht. Wie Menenius Agrippa den Körper politisch beschreibt, so trägt Platon ein gesellschaftliches Vorverständnis in seine Seelenlehre hinein. Beide – der römische Legat und der griechische Philosoph – stehen in einem ideologischen Zirkel: beide zaubern die gesellschaftlichen Normen, die sie für ihre unterschiedlichen Zwecke benötigen, aus dem Körper bzw. der Seele wieder hervor; beide bedenken nicht, daß sie zuerst den Körper bzw. die Seele als politischen Verband deuteten und dieses Deutungsschema dann von ihren Modellen auf die politische Realität übertrugen. Wie dem politisierten Organismus die organische Polis entspricht, so bildet die politisierte Seele den Ausgangspunkt für die Konzeption des Seelenstaates platonischer Prägung. Staatsorganismus und Seelenstaat sind aber inhaltlich leere Begriffe; sie können die Funktion von Derivationen übernehmen, denn sie stehen als politische Leerformeln jedem zur Verfügung,

---

41 Im klassischen Sanskrit umfaßt die Verbalwurzel »bhuj-« die Bedeutungen: essen, verzehren, genießen, benutzen, herrschen. Sozialpsychologische Folgerungen liegen nahe.

der ein rhetorisches Alibi braucht, um eine politische Aktion zu rechtfertigen.

3. Die platonische These, daß der königliche Philosoph die Ausübung der Macht als schwere Last empfinde, daß er ohne Genuß herrsche, autark sei, d. h. bedürfnislos und asketisch, ist ambivalent. Einerseits ist dieser Grundsatz durch die tiefe Einsicht Platons getragen, daß Pleonexie die Ursünde der Herrschenden sei, daß Koinzidenz von Macht und Besitz die Regierenden zwangsläufig korrumpiere. Andererseits kann dieses Axiom einer politischen Ethik umfunktioniert werden zu einer gefährlichen Doktrin; es kann mißbraucht werden zu einer Rechtfertigungsstrategie für brutale und diktatorische Machtausübung, die sich asketisch verbrämen läßt (man denke an den Führer im einfachen feldgrauen Rock, der ehelos bleibt, um seinem Volke ganz zu dienen); es kann fungieren als subtile Derivation, denn man kann ein politisches System dadurch stabilisieren, daß der ›Führer‹ – als der Prototyp des Verzichtenden – kein Gegenstand des Neides mehr sein wird. – Das understatement des besitzlosen, zum Regieren gezwungenen oder von der Vorsehung erwählten (θεία μοίρα) Philosophenkönigs kann sich unter der Hand als das Alibi eines raffinierten Demagogen herausstellen.

Die politische Grundfrage: – Wer soll eigentlich regieren? – ist gemeinsamer Ausgangspunkt für die Fabel des Menenius Agrippa und die platonische Konzeption der Philosophenkönige.

Menenius Agrippa gibt die Antwort: Regieren sollen die *patres,* denn sie sind der Magen des Staatsorganismus; der Magen hat zu verteilen, und es ist sein gutes Recht, wenn er bei dieser Tätigkeit πλέον ἔχει. Einblick in seine Leistung ist den anderen Körperteilen grundsätzlich nicht möglich; diesem Wunsch stehen in einem Organismus natürliche Grenzen im Wege.

Platon erwidert: Herrschen sollen die Philosophenkönige, denn sie sind der Kopf des Staates, und der Staat ist ein Makranthropos. Die Vernunft – im Kopfe lokalisiert – ist die natürliche Herrin über Affekt und Trieb. Die Leistung der Vernunft ist den affekt- und triebbehafteten Gliedern des Polis-Organismus nicht einsichtig zu machen. Vertrauen in die Leistung des Kopfes ist die rechte Einstellung der Glieder.

Wenn aber der δημοβόρος βασιλεύς sich als Philosophenkönig verkleiden kann – und diese Möglichkeit ist nach den geschichtlichen Erfahrungen der Menschheit nicht von der Hand zu weisen –, dann wäre zu überlegen, ob nicht die Frage: Wer soll eigentlich regieren? durch eine andere, realitätsnähere zu ersetzen sei. Nun wissen wir aber, daß die Art unserer Fragestellung die möglichen Antworten bereits einschränkt und determiniert. Eine Änderung der Grundfrage könnte also vielleicht einen neuen Horizont möglicher Antworten aufzeigen.

In seinem Buch ›Der Zauber Platons‹[42] schlägt daher Karl Raimund Popper vor, die Grundfrage der πολιτική τέχνη anders zu stellen, die Frage: »Wer soll regieren?« durch die andere – nicht weniger dringliche – Frage zu ersetzen: »Wie können wir politische Institutionen so organisieren, daß es schlechten und inkompetenten Herrschern unmöglich ist, allzu großen Schaden anzurichten?«
Dieser Wechsel in der Fragestellung eröffnet einen neuen politischen Horizont, den Horizont einer ›offenen Gesellschaft‹. Ihre Probleme gehören in den politischen Unterricht. Ansätze zu einer solchen Gesellschaftsform finde ich im Logos epitaphios des Perikles (Thukydides II, 35–46), den ich als ›konkrete Utopie‹ einer offenen Gesellschaft mit meinen Schülern lese.

II.

Anmerkungen zur ideologischen Verwendung einer »platonischen« Denkstruktur in der Bhagavadgītā

Den Grundsatz des Wertplatonismus faßten wir in die Formel: Nur was gut und wertvoll ist, ist auch wirklich; das Wertwidrige hat keine Realität. Es wurde auch erwähnt, daß die Sprache eine wichtige psychische Entlastungsfunktion übernehmen kann. Unterstützt durch den natürlichen Wertplatonismus der Alltagssprache, kann der Mensch durch die Macht des Wortes eine unerträgliche Wirklichkeit abschaffen, indem er das Widerwärtige als wertwidrig und das Wertwidrige als μή ὄν interpretiert. Auf der anderen Seite ist aber diese Entwirklichung, diese Abschaffung einer brutalen Realität auch ein wirksames politisches Machtinstrument.

Ein Beispiel für die ideologische Kraft eines »platonischen« Dualsystems außerhalb der europäischen Tradition bietet die Kriegerethik der Kshatria in der Bhagavadgītā[43]: »Wer denkt, er tötet, wer glaubt, er werde

---

42 K. R. Popper, Die offene Gesellschaft und ihre Feinde, 1. Band: Der Zauber Platons, Francke-Verlag, Bern 1957, S. 170. – In dem Aufsatz: Prognose und Prophetie in den Sozialwissenschaften, deutsche Veröffentlichung im Band: Logik der Sozialwissenschaften, S. 123, schreibt Popper: »Die Revolutionstheorie übersieht den wichtigsten Aspekt des sozialen Lebens, daß wir nicht so sehr gute Menschen als vielmehr gute Institutionen brauchen. Auch der beste Mensch kann der Korruption der Macht erliegen; aber Institutionen, die den Beherrschten eine wirksame Kontrolle über die Herrscher einräumen, können sogar schlechte Herrscher zwingen, das zu tun, was nach Auffassung der Beherrschten in ihrem Interesse liegt. Mit anderen Worten: wir möchten gern gute Herrscher haben; aber die historische Erfahrung zeigt uns, daß wir wenig Aussicht haben, sie zu bekommen. Und aus diesem Grunde ist es so wichtig, Institutionen zu schaffen, die selbst schlechte Herrscher daran hindern, allzuviel Schaden anzurichten.«
43 Ich benutze die Ausgabe von S. Radhakrishnan, Holle Verlag, Baden-Baden 1968. Vgl. auch W. E. Mühlmann, Mahatma Gandhi, Eine Untersuchung zur Religionssoziologie und politischen Ethik, Tübingen 1950, bes. das Kapitel »Gandhis Verhältnis zur Bhagavadgita«, S. 127 ff.

getötet, sind beide im Irrtum; nicht tötet dieser, noch wird jener getötet.« Dadurch daß der Autor der Gītā zwischen dem Selbst und dem Nichtselbst, zwischen »purusha« und »prakrti« unterscheidet (– Samkhya-System –), kann er das Kampfgeschehen entwirklichen, die Angst vor dem Sterben und die Tötungshemmung durch eine nach Wertgesichtspunkten konzipierte Verdoppelung der Wirklichkeit abbauen. Was vergänglich ist wie der menschliche Körper ist nicht wertvoll, also auch nicht wirklich. Auch auf die Frage, weshalb man überhaupt kämpfen und töten soll, wenn Kampf und Tod doch irreal sind, weshalb man sich im Kampf für Ziele einsetzen soll, die im strengen Sinn des Wortes überhaupt nicht existent sind, weiß der Autor eine Antwort zu geben. Er operiert dabei mit dem Begriff »sva-dharma« (eigenes Gesetz, eigene Pflicht; vgl. das platonische Syntagma τὰ ἑαυτοῦ πράττειν). Platon und die Gītā sind sich darin einig, daß nur die Erfüllung unserer Pflicht uns glücklich machen kann. Doch die Gītā ist radikaler (und konsequenter) als Platon: »Besser ist die Erfüllung der eigenen Pflicht, auch wenn man sie nur mangelhaft erfüllen kann; fremde Pflicht (= die Pflicht eines anderen: »paradharma«) ist gefährlich« (III, 35). Wieder ist man an Platon erinnert: τὰ ἑαυτοῦ πράττειν καὶ μὴ πολυπραγμονεῖν. Demnach ist es auch besser, in Erfüllung der eigenen Pflicht zu sterben, als pflichtlos oder pflichtfremd weiterzuleben.

Wie finde ich aber meine eigene Pflicht? Darauf antwortet der Dichter: »sva-dharma« ist Ausdruck von »sva-bhāva«, wieder griechisch ausgedrückt: der οἰκειοτάτη φύσις, der »eigentlichen Natur«. Das ist aber im Kontext der Gītā keine Leerformel, der Ausdruck »sva-bhāva« ist vielmehr soziologisch relevant. Die »eigentliche« Natur des Menschen ist seine Kastenzugehörigkeit, daher ist unvollkommene Erfüllung der Kastenpflicht sittlich besser als ein – egoistisches – Suchen nach der individuellen Pflicht und nach persönlicher Selbstverwirklichung. »Nur wer das ganz auf die eigene Natur ausgerichtete Handeln (»karma«) ausführt, der gelangt nicht in Sündenschuld.« Es gibt also auch keine Eignungsprüfungen (Platon, Politeia), um das eigene Handeln zu finden; natürlich ist die vorgefundene Kastenordnung, in die man unwiderruflich eingeschlossen ist (– Extrembeispiel einer »geschlossenen« Gesellschaft –). Die Gesellschaftsordnung präsentiert die Naturordnung: »prakrtim yānti bhūtāni« – »der Natur folgen die Lebewesen« heißt es III, 33. Demnach ist es Aufgabe des Kriegers zu kämpfen, weil er Krieger ist, d. h. in die Kriegerkaste hineingeboren wurde, so wie es Aufgabe des Mönches ist, sich zu kasteien.

Die Pflichten der in die Gesellschaftsordnung hineingeborenen Individuen werden kraft dieser Ordnung konstituiert, weil die Gesellschaft mit der Natur identisch ist, weil noch nicht zwischen sozialer Ordnung und natürlicher (– das ist: kosmischer, physikalischer, biologischer –) Ordnung unterschieden wird[44]. Die Ethik der Pflichterfüllung sieht also völlig ab vom empirischen Charakter, von Temperament oder Begabung. Selbst die vollkommene Erfüllung einer fremden Pflicht ist schuldhaft, weil dadurch die Kastenordnung in Frage gestellt wird.

Die gesellschaftsstabilisierende Funktion dieser politischen Ethik ist nicht zu übersehen. Nimmt man die Gītā wörtlich, dann bietet sie eine subtile Protreptik zur Steigerung der Kampfmoral. Die allegorisierende Sublimierung – Interpretationsgrundlage bei Ghandi und Radhakrishnan – ist ein hermeneutisches Verfahren der Rechtfertigung; es ist die Methode der Immunisierung eines problematischen Inhalts durch eine spirituelle und mystische Umdeutung (Kampf und Bewährung der Seele; unio mystica). Auf der anderen Seite ist nicht zu übersehen, daß eine ethische Spiritualisierung in dem Lehrgedicht bereits angelegt ist, jedenfalls in der uns vorliegenden Fassung des Werkes.

---

[44] Das Problem des Übergangs von der Natur zur Kultur ist ein Zentralproblem der Anthropologie. Vgl. Claude Lévi-Strauss, Das Ende des Totemismus, Frankfurt/M. 1965, edition suhrkamp 128.